AF277700

Viena

ANAYA
TOURING

Autor: **Ignacio Merino**
Actualización: **Alicia Aparicio**

Responsable de proyecto: **David Lozano**
Edición: **José Manuel Muñoz**
Cartografía: **ANAYA Touring**
Producción: **Juan José Rodríguez, Olga Hernando** y
Antonio Mellado
Diseño de la colecccción: **marivies**

Procedencia de las fotografías:
123RF: 9, 10, 12, 15 (2), 16 inf., 18, 23, 28, 29, 30, 31, 33,
40, 41, 44, 48 (2), 52, 55 dcha., 56, 68, 74-75, 76, 80, 81, 82-
83, 84-85, 90, 94, 95, 111. **Age StockPhoto:** 16 sup., 46, 65.
Depositphoto: 55 izda., 62, 63, 66-67, 69, 79, 87 izda., 93,
96. **Dreamstime:** Mario Krpan, 113; Erich Karnberger, 118.
Getty Images: 77, 101, 117, 121. **IStockphoto:** cubierta (2),
11, 13, 20 (2), 24, 32, 36, 37, 42, 43, 45, 49, 50, 51, 58, 60, 61,
72, 73 (2), 78, 87 dcha., 106, 107, 108, 114, 115, 120. **Martin,
Joseph/ Anaya:** 2, 17. **Oficina de Turismo de Austria:** 70-
71. **Sergi Reboredo:** 6, 8, 22, 34-35, 70-71, 98-99, 100, 103,
104. **Shutterstock:** Triff, 26-27; niksdope, 109.

6ª edición, 2024

© Grupo Anaya, S. A., 2024
   Valentín Beato, 21. 28037, Madrid
   www.guiasdeviajeanaya.es

Depósito legal: M-02.244-2024
ISBN: 978-84-9158-816-0
Impreso en España-Printed in Spain

PAPEL DE FIBRA
CERTIFICADO

La información contenida en esta guía ha sido cuidadosamente com-
probada antes de su publicación. No obstante, dada la naturaleza
variable de los datos, recomendamos su verificación antes de salir.

Contenido

Cómo usar esta guía

Presentación

Esta **Guiarama** de **Viena** se divide en cinco secciones que abarcan los aspectos más importantes de la visita a la ciudad.

Una mirada a Viena, páginas 6-17

Presentación
Perfil de Viena
La esencia de Viena
Lo que no hay que perderse
Un poco de historia
Naturaleza y paisaje
Personajes famosos

Diez lugares inolvidables, páginas 18-33

La elección de los autores de los diez lugares más atractivos de la ciudad, todos con información práctica.

Viena y los vieneses

Visita a la ciudad, páginas 34-87

Una selección de los lugares más interesantes de la ciudad, presentados por orden alfabético.
Información práctica
Breves notas "¿Sabías que...?"
4 paseos a pie

Dónde..., páginas 98-121

Información detallada y direcciones recomendadas de restaurantes, alojamientos, compras, niños y ocio.

Información práctica..., páginas 122-132

Toda la información necesaria para el viajero (aduanas, normas de circulación, características y tipos de alojamiento, sanidad, transportes, moneda...).

Parque Prater

Referencias al plano de Viena

Todas las referencias lo son al plano que se incluye en las páginas 38-39. Por ejemplo, Hofburg va seguida de la referencia ⓞ 38 (B2) que indica la página en la que se encuentra el plano (38) y las coordenadas (B2) donde se halla el edificio.

Precios

El precio aproximado de los establecimientos se indicará mediante los signos:

C caro, **M** moderado y **E** económico.

Clasificación por estrellas

La mayoría de los lugares descritos en el libro se han clasificado por su grado de interés como sigue:

✱✱✱	Visita obligada
✱✱	Muy interesante
✱	Interesante

SÍMBOLOS UTILIZADOS

A lo largo de la guía se han utilizado símbolos sencillos y claros para indicar las siguientes categorías:

- 🕐 referencia al plano de Viena
- ✉ dirección o localización
- 📷 número de teléfono
- 🕐 horario
- 🍽 restaurante o café
- 🚇 estación de metro más cercana
- 🚍 rutas de autobús o tranvía
- 🚆 estación de tren más cercana
- 🖥 página web
- ℹ información turística
- 🎫 entrada
- ➕ otros lugares de interés
- 🛠 más información práctica
- ▶ referencia a la página con información más detallada

Una **mirada** a **Viena**

Presentación

▲ Palacio de Schönbrunn
con la ciudad de Viena
al fondo.

En el cliché de Viena entran palacios y parques palaciegos, guerras de valses, bailes en la Ópera, conciertos en la Sociedad Musical, paseos en *fiacre*, acogedores cafés, la bulimia de Sissi, los Bosques de Viena, el Danubio Azul... No quedará defraudado el turista atraído por todo esto, pero sin duda se sorprenderá del dinamismo de la ciudad y de la habilidad con que ha sabido organizar esta tradición imperial, encerrándola en los suntuosos palacios, algunos de los cuales *(Albertina, MuseumsQuartier)* han sido convertidos en modernos museos.

Pero en Viena, además de tiendas *"K&K"*, hay actualísimos comercios y tiendas de moda cuya elegancia puede observarse en la gente de la calle.

Con la misma eficacia ha convertido el peligroso Danubio en un parque ecológico frecuentado por deportistas, bañistas y paseantes. Entre los palacios barrocos y la arquitectura del Ring apunta la moderna arquitectura de *G-Town*, *ONU-City* y las *DC Towers*.

Viena, una ciudad de tradición conservadora, tampoco ha dudado en sacar brillo a sus transgresores históricos: la arquitectura de Adolf Loos y Otto Wagner, la pintura de Koskoschka, Klimt y Egon Schiele, la música del inadaptado Mozart y la llamativa estética del visionario Hundertwasser.

Y, cómo no, también se puede seguir de marcha por la noche en las callejas medievales del centro, en Spittelberg o en Copa Cagrana.

▌ Moverse por Viena

Viena es una ciudad que parece estar hecha para pasear. El centro es perfectamente abarcable a pie. Los barrios están bien comunicados por transporte público. Pero si el tiempo lo permite, el mejor transporte es, sin duda, la bici (Citybike).

Perfil de Viena

Población

Con 1.840.000 de habitantes, Viena es, por tamaño, la séptima capital europea. Unos 300.000 vieneses tienen pasaporte extranjero. De ellos, 75.000 proceden de países de la Comunidad Europea, y 275.000 de otros países. Entre estos últimos, el mayor contingente es el de serbios (unos 70.000) y turcos (40.000). En la aglomeración vienesa viven 2,5 millones de habitantes.

Viena es capital de la república y una de las nueve autonomías *(Bundesländer)* austriacas. Aunque es la menos extensa, concentra el 25 por ciento de los puestos de trabajo de la nación. El ayuntamiento está formado por un concejo de 100 miembros reelegidos cada 5 años, y es, al mismo tiempo, parlamento autonómico presidido por el alcalde.

Economía

La economía de Viena se basa en el comercio (22%), en el sector de servicios (20%) y en el transporte (23%), con 900 km de líneas de transporte público. La industria sola supone un 8% del total, y el turismo, un 6%. Importante es "la industria de patios y pisos", pequeños talleres en los que se producen accesorios para las boutiques de moda.

Turismo

Se alojan en Viena 8 millones de turistas, de ellos, 6 millones son extranjeros. La media de permanencia de estos turistas es de 2,4 días.

El casco antiguo está inscrito desde 1978 en el Patrimonio Universal de la UNESCO. En él se concentra la mayoría de monumentos y museos de la ciudad. Está rodeado por un brazo canalizado del Danubio, *Donaukanal* y el bulevar *Ring*. A 2 km al exterior hay otro cinturón de circunvalación, el *Gürtel*. Entre el Ring y el Gürtel están los barrios importantes.

Viena verde

Casi la mitad del espacio urbano de Viena es zona verde. En el inventario de 280 parques no solo entran jardines palaciegos y alamedas del centro, sino el cinturón de bosques que rodea la ciudad por tres puntos: los legendarios bosques de Viena con el Monte Kahlenberg y desde cuya cima se obtienen las mejores vistas del conjunto urbano. La Vega del Danubio, al Este de Viena, forma el Parque Nacional del Lobau.

Guías del ocio

Falter, aparece los miércoles con un programa de ocio bastante completo; www.falter.at. Tiene una versión en inglés, *Falter's Best of Wien*. Otra guía es *City,* de formato más manejable.

▼ Monumento a Mozart.

No hay que perderse...

Si solo dipone de unos días y quiere experimentar lo mejor de la ciudad, no se pierda lo siguiente:

▮ **Un café vienés** (▶102). Saboree su *Melange* mientras lee la prensa, observa al público o sigue con la vista las peripecias del *Ober.*

▮ **Asista a un concierto**. Si no da con el programa oficial, acepte lo que le ofrecen los vendedores disfrazados de Mozart en el Burggarten o a las puertas de la oficina de turismo. (▶66).

▮ **Dese una vuelta por el rastro** de Naschmarkt y admire y déjese tentar por los escaparates de sus quioscos. Si es sábado, acérquese al rastro. (▶110).

▮ **Asista a una buena misa de domingo,** a las 9 h en la capilla del Hofburg, cantada por los niños cantores, o a las 11 h en los Agustinos, con orquesta y solistas (▶41).

▮ **Vaya a un heuriger** y alégrese con un cuartillo de vino del año en grata compañía (▶31).

▮ **Pasee por el Ring** como prefiera: en *fiacre,* en bici, andando o en autobús (▶78-79).

▮ Haga una **excursión en barco** por el Danubio o por el canal. Descubrirá aspectos de la ciudad que no se aprecian desde las calles. (▶119).

▮ Disfrute de un **Wiener Schnitzel** en el *Schanigarten* de un *Beisl* (▶100).

▮ **Visite alguna catacumba** o cementerio y compruebe la sana relación que tienen los vieneses con la muerte: el humor negro, la ironía y la atmósfera especial de los parques-cementerios. También la muerte puede ponerle sal a la vida (▶85).

▮ **Disfrute de las noches de Viena,** paseando por las calles del centro o en los bares del "Triángulo de las Bermudas" o de Spittelberg (▶119).

▮ City Bike

Viena es pionera en intentar solucionar el problema del tráfico facilitando el uso de la bici. Para el proyecto de bicis municipales, City Bike, se ha tenido en cuenta que el 50 por ciento de los trayectos de los más de 50.000 ciclistas vieneses, es menor de 5 km. En el interior del Gürtel, la red de carriles-bici es ya una vía continua. La primera hora es gratuita. Toda la información en www.city-bikewien.at (▶120).

◀ El Burgtheater visto desde el Volksgarten.

▼ Un cochero descansando en su *fiacre.*

Un poco de historia

▲ Corona imperial en la Cámara del Tesoro del Palacio de Hofburg.

Siglo v a.C. Los Boios, un pueblo celta, se asientan en los terrenos de la actual Viena.

Siglo I d.C. El poblado de origen celta es convertido por los romanos en un campamento y una población civil, centro de la provincia romana de *Panonia*.

213 La población civil adquiere *status* de ciudad con el nombre de *Vindobona*.

433 Los romanos son vencidos por los hunos.

881 Guerra entre bávaros y húngaros. Queda escrito el nombre de *Weniam*.

955 Los húngaros vencen a Otto I en la batalla de Lechfeld. Viena queda en unos de los extremos de la Ostmark *(Marca oriental)*, que en el 976 pasa a manos del Babenberger Luitpold.

1155 El polaco Heinrich II Jasomirgott fija su residencia en Viena, un lugar estratégico, pues allí, la *Ruta del Ámbar* (entre el Báltico e Italia) cruza el Danubio.

1200 Con el dinero del rescate de Ricardo Corazón de León, apresado por Leopoldo V, se amplía y amuralla la ciudad.

1278 Con Rodolfo I empieza el dominio de los Habsburgo, que durará 640 años.

Siglo XIV Rodolfo IV funda la Universidad de Viena.

1485 Matías Corvino, al mando de húngaros y bohemios, se apodera de Viena.

1526 Húngaros y bohemios son sometidos por los Habsburgo. *Wiene* capital imperial.

1529 Los turcos cercan Viena por primera vez y lo abandonan con la llegada del invierno.

1551 Llegada de los Jesuitas para llevar a cabo su contrarreforma religiosa contra los protestantes.

1679 La peste se cobra 75.000 víctimas.

1683 Los turcos cercan Viena por segunda vez. Son vencidos tras dos meses de sitio.

Siglo XVII Se edifican los palacios de Viena.

1740-1780 Bajo el reinado de María Teresa se centraliza la administración de los Habsburgo en Viena. Florecimiento de las artes.

1780-1790 José II emprende radicales reformas: secularización de conventos, patente de tolerancia religiosa, erradicación de la tortura, de la censura y de la esclavitud, reformas sociales.

1805-1809 Viena es ocupada por las tropas de Napoleón Bonaparte.

1814-1815 Europa reorganiza sus fronteras en el Congreso de Viena.

1867 Viena capital del Imperio Austrohúngaro.

1897-1910 Con el alcalde Karl Lueger, Viena se transforma en una moderna metrópoli.

1914-1918 Primera Guerra Mundial inciada con el atentado del hereredero Austiaco en Sarajevo. Al acabar la contienda, Francisco José II abdicó del trono y puso fin a 400 años de dominio imperial de los Habsburgo. Austria se constituye república parlamentaria.

1918-1919 Primeras elecciones generales. Surge la socialdemócrata "Viena roja".

1938 Austria se adhiere a la Gran Alemania de Hitler.

1945 La armada roja recupera Viena. La ciudad es dividida entre los aliados.

1955 Los aliados y Austria firman el Tratado de Austria. Austria, país neutral y libre.

1979 Viena, tercera sede de la ONU, tras Nueva York y Ginebra. Se inaugura UNO-City.

1995 Austria se convierte en miembro de la Unión Europea.

1996 Tras 77 años de gobierno, los socialdemócratas pierden la mayoría.

2001 El socialdemócrata Michael Häupl, se erige como alcalde de Viena.

2003 Se reabre el Albertina.

2004 La colección de pintura Liechtenstein se traslada al palacio de Viena.

2006 Es el 250 aniversario del nacimiento de Mozart.

2008 Se celebra la fase final de la Eurocopa de fútbol.

2009 Bicentenario de la muerte de Haydn.

▌ Actualidad

2015 Viena celebra el festival de *Eurovisión* bajo el lema "construyendo puentes".

2017 El centro histórico de Viena es declarado por la UNESCO como "Patrimonio Mundial en Peligro" debido a proyectos de construcción de edificios de gran altura.

2018 Conmemoración del modernismo. Hace 100 años murieron cuatro de sus protagonistas: Gustav Klimt, Egon Schiele, Otto Wagner y Koloman Moser. Ellos dejaron su impronta en la Viena de 1900.

▼ Viena según un grabado del Civitates Orbis Terrarum (1575).

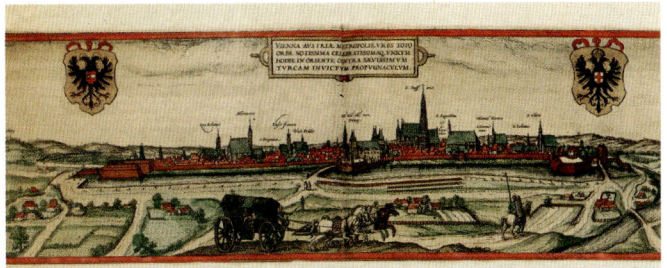

Naturaleza y paisaje

❚ Parques y jardines en el Ring

No solo hay jardines alrededor de los palacios, en pleno centro urbano. Situada junto al Danubio, Viena cuenta con bosques y prados que son un paraíso para los amantes de la naturaleza.

❚ En el Ring

Burggarten (▶42). Encajado entre el Hofburg y el Ring, el pequeño Burggarten es un jardín palaciego con estatuas, setos esculpidos e invernaderos, con buenos lugares para descansar, en el centro.

Stadtpark (▶80). Junto al Ring se extiende el Parque Municipal, que es el más popular de Viena. Urbano, con multitud de rincones curiosos, quioscos, bancos, edificios y colas de turistas japoneses para sacarse una foto con Johann Strauss (hijo).

Volksgarten (▶69) ofrece la sombra de sus árboles y el perfume de sus rosas, además de deliciosas bebidas y comidas en el Volksgarten Pavillon

❚ En los barrios

Augarten (▶41) es un gran parterre surcado de caminos bordeados de castaños que se cruzan en una gran estrella central. Durante el día, turistas de visita a la fábrica de porcelana; por las noches de verano, cine y puestos con mesas al aire libre.

Schönbrunn (▶20-21, 10 lugares inolvidables). El gran parque del palacio de "Fuente Hermosa" es el Versalles vienés.

El Prater vienés (▶70). Metro U1, U2, tranvías O, 5: estación Praterstern, S1-S3, S7, S15: estación Wien Nord Jesuitenwiese: tranvía 1: estación Wittelsbachstrasse.

Donauinsel (▶16). La isla del Danubio es un paraíso eco-deportivo con campos de balonvolea y baloncesto, 135 km pistas de ciclismo y *jogging* y diversas instalaciones. Aquí está la zona de recreo de Copa Cagrana y en Transdanubio, las playas del Danubio.

❚ En las afueras

Kahlenberg y Grinzing (▶31).

❚ Los bosques de Viena

Los bosques de Viena están en su mayor parte en la región de Niederösterreich y son la meta de los domingueros vieneses para pasear y hacer deporte: 135.000 ha, no solo de bosques, también hay tierras de labranza, prados y colinas de hasta 900 m de altura en las que el verano es más fresco.

Lainzer Tiergarten

En un extremo de los Bosques de Viena, en el **Zoo natural de Lainz**, campean jabalíes, gamos y muflones que se pueden observar a la hora de la comida. Viajes en coche de caballos, excursiones, recintos de juego, sendas pedagógicas, caminos de senderismo, circuitos para correr. No están permitidos animales domésticos ni bicis ni patines.

Lainzer Tor es la más urbana de las siete entradas al parque. Desde ella arranca un camino (500 m) que lleva a **Hermesvilla** (visita, del 25 de marzo al 26 de octubre, de martes a domingo, de 10 h a 18 h), un palacete de caza de estilo neogótico encargado por Francisco José al arquitecto del Ring, Karl Hasenauer (1882-1886).

El palacete, que debía llamarse "Retiro del Bosque", obtuvo su nombre cuando Sissi encargó al escultor Ernst Herter (1886) una estatua del dios Hermes, protector de los viajeros (y guardián de sus citas amorosas). Ante el edificio se colocó en 2006 una moderna escultura de la emperatriz (Ulrike Truger), con un abanico (el impulso), un abrigo (la huida) y alas (la libertad). El interior conserva el mobiliario original y en él se celebran exposiciones temporales.

Se llega hasta allí con el metro Hietzing, después Tranvía 60 hasta la parada Hermesstrasse, y luego con el Autobús 60 B, hasta la estación final.

▲ Romántica pasarela de acacias en el Palacio de Schonbrunn.

Parque Nacional Donau-Auen

En la parte final de Donauinsel empieza el Parque Nacional, que se extiende por la ribera izquierda del río hasta la frontera eslovaca. Se ve muy bien desde los barcos que van de excursión a Bratislava: el Bosque de Vega *(Auwald)* que queda inundado durante las crecidas del río.

Hay pueblos en su itinerario, sendas de castores *(Oberen Lobau),* cerca del estanque *Förstersteig,* a 20 minutos andando desde el aparcamiento y parada de autobús 26 A *(Roter Hiasl),* molinos fluviales *(Schiffmühle Martin Zöberl),* palacete de caza de Eckartsau y ruinas romanas *(Carnutum).*

Carril bici del Danubio: Donauradweg

La pista de bicis del Danubio es probablemente la más larga de Europa. Acompaña al río desde Alemania hasta Eslovenia, y es una auténtica autopista de ciclistas, con una infraestructura impecable de restaurantes, lugares para pernoctar, áreas de descanso y talleres de reparación de bicicletas.

Si no se quieren hacer los 400 km, basta con probar el trayecto Viena-Klosterneuburg (▶89), río arriba, probablemente le picará el gusanillo y querrá más de lo mismo.

▼ En el centro de la ciudad hay muchos recorridos con carril bici.

Viena para los adictos a la acción

Excitantes recorridos para bicicleta de montaña, escalada, tirolesas entre las copas de los árboles, descarga de adrenalina en el túnel de viento más moderno del mundo y otros deportes de aventura. Todo está pensado para el turista que busca descargar su adrenalina.

Senderos para BTT

Siete recorridos señalizados conducen desde la ciudad hasta los Bosques de Viena, pulmón verde de la ciudad. La variada red de senderos permite escoger la ruta adecuada según el grado de dificultad.

El nuevo centro **Hohe-Wand-Wiese** hace las delicias de los apasionados al ciclismo de montaña. Este moderno centro ofrece tres recorridos de diferente nivel de dificultad, alquiler de bicis y equipamiento, entrenamiento en la técnica de conducción, un recorrido de prácticas y visitas guiadas por los senderos y los Bosques de Viena.

Vías de escalada

En plena ciudad se puede escalar de abril a octubre, por una de las seis torres históricas antiaéreas de la época de la Segunda Guerra Mundial. Los escaladores se mueven hasta el tejado de la torre antiaérea por más de 4.000 agarres de colores y 20 recorridos de dificultad variada.

Viena desde el aire

Desde las instalaciones del **Spider Rock XL** situadas junto al puente Donau-Stadtbrücke, los visitantes pueden volar por una tirolesa de 380 m de longitud sobre el Danubio y sobre el puerto de Marina Wien.

Aquí existe la posibilidad de experimentar una caída libre controlada de 36 m de altura aterrizando a los pies de la Torre Power Fan.

Windobona en el Prater

En el túnel de viento de cristal más moderno del mundo se pueden experimentar velocidades de hasta 280 km/h en el *Indoor Skydiving,* lo que corresponde a la sensación que experimenta un paracaidista a 4.000 m de altura. Una experiencia apta también para principiantes.

La **Vienna City Marathon** se consolida año tras año como una de las importantes a nivel europeo. Se celebra en abril y congrega a más de 42.000 participantes.

▲ El otoño en Viena ofrece imágenes como esta.

▲ Escalada en la Casa del Mar.

Personajes famosos

▎ W. Amadeus Mozart (1756-1791)

Nacido en Salzburgo, desde 1781 vivió en Viena. Su rivalidad con Salieri, revelada en la película de Milos Forman, sus choques con la *Comisión de Honestidad* de María Teresa y su genio rebelde, le enfrentaron a la nobleza, acostumbrada a músicos serviles.

Tras el estreno de *La Flauta Mágica* enfermó y murió, dejando un *Requiem* sin terminar. Sus restos reposan en el cementerio de Sankt Marx.

▎ Gustav Klimt (1862-1918)

Empezó montando una empresa de decorados teatrales con su hermano Franz. Tras la muerte de su hermano (1892) cambió de estilo. Fue director del grupo de la Secesión.

▎ Otto Wagner (1841-1918)

Wagner fue un arquitecto que construía sus propias casas, vivía en ellas una temporada y luego las vendía para emprender otra aventura.

En 1883 ganó un concurso para urbanizar los suburbios con un proyecto basado en el tren suburbano. Para acometer las obras fundó su propia empresa que, entre 1894 y 1901, construyó más de 30 estaciones y trayectos con túneles, puentes y viaductos. Entre 1904 y 1906 construyó la iglesia del hospital de Steinhof y la Caja Postal de Stubenring.

▎ Kaiserin Elisabeth, Sissi (1837-1898)

La princesa bávara que se casó a los 16 años con el emperador Francisco José (22 años) pasó a la historia con los caracteres de una Lady Di: inconforme con su destino y presa del férreo protocolo de la corte, se dedicó a viajar por el mundo. Murió asesinada por un anarquista italiano en Ginebra.

▎ Otros músicos vieneses

Johann Strauss (1804-1849)
Johann Strauss, hijo (1825-1899)
Joseph Haydn (1732-1809)
Ludwig van Beethoven (1770-1820)
Antonio Salieri (1750-1825)
Christoph Willibald von Glück (1714-1787)
Franz Schubert (1797-1828)
Johannes Brahms (1833-1897)
Anton Bruckner (1824-1896)
Arnold Schönberg (1874-1951)
Anton von Weber (1833-1945)
Alban Berg (1885-1935)

◄ Detalle de María Munk III de Gustav Klimt.

▎ Escritores

Sigmund Freud (1856-1939)
Hugo von Hofmannstal (1874-1931)
Arthur Schnitzler (1862-1931)
Robert Musil (1880-1942)
Stephan Zweig (1881-1942)
Franz Werfel (1890-1945)
Joseph Roth (1894-1939)
Elias Canetti (1905-1994)
Ingeborg Bachmann (1926-1973)
Thomas Bernhardt (1931-1989)
Peter Handke (1942)
Elfriede Jelinek (1946), premio Nobel 2004

10

Lugares
inolvidables

Palacio de Schönbrunn

En su coto de caza de Schönbrunn ("Fuentehermosa"), los Habsburgo construyeron un suntuoso palacio de verano.

Lo empezó Leopoldo I, que, en 1696, tras el asedio turco, mandó al arquitecto Fischer von Erlach que fuera "mayor y mejor que el de Versalles". Las obras se pararon porque su sucesor, Carlos VI, que se había educado en Madrid, dedicó su interés a construir "un Escorial" en Klosterneuburg. Se continuaron bajo el reinado de su hija María Teresa, que, en 1714, encargó a su arquitecto, Nikolaus Pacassi, que no reparara en gastos. Veinte años más tarde, el arquitecto Hetzendorf von Hohenburg trazó el parque que culmina en la glorieta.

Entre 1805-1808 Napoleón estableció en Schönbrunn su cuartel general y allí se casó con la princesa María Luisa, con la que tuvo un hijo que vivió y murió en el palacio a los 18 años. Con la abdicación del último Habsburgo, Carlos I, en 1919, se extinguió en Schönbrunn la monarquía austriaca.

Ante los 180 m de fachada del palacio se abre el Patio de Honor, **Ehrenhof** (24.000 m²). A la derecha está la entrada al **Teatro del Palacio,** sede de la escuela de teatro Max Reinhard.

En la visita se ven las **habitaciones de Francisco José:** en la *Sala de billar* se entretenían haciendo varas quienes esperaban audiencia con el emperador, que recibía en la *Sala de Nogal,* llamada así por su rica decoración de madera. Su cuarto de trabajo

▼ Palacio de Schönbrunn.

y los dormitorios y habitaciones privadas de Sissi. En la *Sala de espejos,* Mozart (8 años) tocó el piano y María Teresa lo sentó en su regazo y en la *Gran Galería* se celebran banquetes, y bailes. La Galería, donde se reunía la familia imperial en *petit comité,* tiene dos gabinetes chinos contiguos.

Otras salas son La *Sala del Carrusel* y la *Sala de ceremonias,* donde está retrato de María Teresa pintado por Martin von Mey-tes en 1760.

Las **habitaciones de María Teresa** incluyen un *Salón Chino* y el *Salón Vieux-Laque,* decorado con lacas japonesas, que Napoleón escogió como cuarto de trabajo. Siguen la *Sala de porcelanas* y la *Sala de los millones,* con costosas miniaturas persas. Con el *Salón de Gobelinos,* decorado con tapices flamencos, y las habitaciones de la archiduquesa Sofía, suegra de Sissi, concluye la visita.

En el pabellón de equitación de invierno está el **Museo de Carruajes** donde se exponen más de 60 carrozas fechadas entre 1690 y 1918.

Rodea el Palacio un **parque** de 2 km² con ejes de vista y avenidas surcadas de esculturas que suben desde la explanada hasta la Glorieta que domina el conjunto. Al pie de la escalinata están *El Laberinto* y la *Fuente de Neptuno* (Hohenberg, 1780).

Desde la fuente arrancan avenidas hacia ambos lados. La que sale en dirección izquierda, va a la *fuente Schöner Brunnen,* que da nombre al palacio, en que la ninfa Egeria ofrece de su cántaro el agua que la familia imperial incluso se llevaba en garrafas a sus viajes. Enfrente, el decorado barroco de unas ruinas romanas y, al final, el **obelisco** (Hohenberg, 1777).

Por la escalinata se llega a la **Glorieta**, un edificio-diadema (Hetzendorf, 1775) adornado con trofeos y símbolos de la Victoria de Kolín (Bohemia, 1757) en que las tropas de María Teresa vencieron a las de Federico II de Prusia.

La avenida a la derecha de la Fuente de Neptuno conduce al invernadero, al zoo y al jardín botánico: el **Zoo**, construido en 1752 por Esteban de Lorena, esposo de María Teresa, es el más antiguo del mundo. En él hay un pabellón con un laboratorio subterráneo en el que el monarca consorte se dedicaba a buscar la piedra filosofal. Hoy es un café.

Ante el Zoo está el invernadero tropical, **Palmenhaus,** un edificio de hierro y cristal construido por el ingeniero F. Segensmidt en 1882. Detrás quedan el **Jardín Tirolés** y el **Jardín Botánico**.

Info

- U4-Schönbrunn
- Tranvía 10 y 58
- Technisches Museum Wien
- www.schoenbrunn.at
- El palacio y los jardines de Schönbrunn se pueden visitar en dos tours, con guía o con auriculares: el *Imperial Tour,* que conduce en media hora por 22 salas, y el *Gran Tour,* casi una hora, que pasa por las 40 salas abiertas al público.

Palacio
- Abr-jun, 8.30-17.30 h; jul-ago, 8-18.30 h; sept-nov. 8-17.30 h; dic-marz. 8-17 h

Parque
- 6.30 h-atardecer

Irrgarten (Laberinto)
- 9-19 h

Zoo (Tiergarten)
- 9-18.30 h

Palmenhaus
- 9-17.30 h
- En el parque del palacio hay varios restaurantes con terraza: Café del Zoo, Café de la Glorieta, Restaurant Do&Co y el restaurante Schönbrunner Stöckl, junto a Meidlinger Tor.
- 813 42 29

Schönbrunnerbad
Subiendo por las sendas detrás el Obelisco hay una piscina pública.
- www.schoenbrunnerbad.at

Parque Prater

2

Info

- 38 (C2)
- 1 Albertinaplatz
- 10-18 h; mier hasta 21 h
- Karlsplatz, Stephansplatz
- 1, 2, J62, 65
- www.albertina.at
- DO & CO Albertina
  - (9-24 h)
- El Centro de Viena, Hofburg
- El edificio cuenta con una tienda. Con entrada por Augustinerstr. 1 está la **Filmoteca Austriaca**, con sesiones de cine a las 19 y 21 h
- www.filmmuseum.at
- 533 70 54

Desde la Edad Media era una vega en la que varios monasterios tenían sus tierras de cultivo.

En el siglo XVI los Habsburgo lo convirtieron en coto de caza y en 1766 fue abierto al público por José II. En 1873 fue acondicionado para la Exposición Universal. En la actualidad, el Prater es un extenso parque público en Viena que ofrece una variedad de actividades y atracciones para disfrutar de un día de diversión a raudales.

Uno de los iconos más reconocibles es el Riesenrad, o Rueda de la Fortuna. Esta noria gigante (67 m de altura) fue construida en 1898, con motivo de los 50 años de Francisco José en el trono. Con unas vistas impresionantes de Viena, es la única que queda de las tres que construyó el ingeniero inglés Walter Basset: esta, la de Londres y la de París.

Desde que fue escenario de la película *El Tercer Hombre* se convirtió en símbolo de Viena. El parque tiene en sus 6 km² varias zonas: a la entrada está el parque de atracciones, llamado **Wurstelprater** por Hans Wurst, que viene a ser Don Tancredo en alemán, y el **Pratermuseum** y un Planetario construido en 1927 por la firma Zeiss. Desde el parque de atracciones sale una avenida recta de 4,5 km, **Hauptallee**, que atraviesa el parque dejando a la izquierda las instalaciones de la feria y varios estadios deportivos: una pista de carreras al trote, el estadio de fútbol Prater-Wien (90.000 espectadores), pistas de ciclismo y piscinas. Un trecho de la misma, desde Wurstelprater hasta el estadio de fútbol, puede hacerse en el trenecillo **Liliputbahn**, tirado por una locomotora diesel de 1928. La avenida acaba en otra rotonda en cuyo centro se levanta la **Lusthaus**, un pabellón octogonal de dos pisos construido en 1783 por Isidor Canevale. A 1 km más abajo se ve el hipódromo de Freudenau. El Estadio Ernst Happel, situado dentro del parque, es hogar de eventos deportivos y conciertos.

▶ Atracciones del Wurstelprater en el Parque Prater.

Belvedere

Los palacios del Belvedere, residencia vera-
niega de Eugenio de Saboya, son hoy día es-
pléndidos museos.

3

◄ Puerta al Jardín de
Belvedere.

E ntre el Palacio de Abajo, **Unteres Belvedere,**
que era la vivienda, y el de Arriba, **Oberes Belvedere,** que era un palacio de recepciones y fiestas,
el arquitecto Lucas von Hildebrandt trazó jardines
barrocos con parterres geométricos, cascadas y terrazas repartidas en tres niveles: abajo, los *cuatro
elementos;* en el nivel medio, el *Parnaso,* y arriba,
el *Olimpo.* Ambos fueron renovados por Sepp Frank
en 1997.

En el Unteres Belvedere se expone arte barroco,
pintura austriaca de los siglos XVII y XVIII, esculturas
de Georg R. Donners y figuras grotescas de Franz
Xaver Messerschmidt.

Desde la terraza del Oberes Belvedere pintó Canaletto una vista de Viena que se conserva en el
Gabinete de Oro, **Goldkabinett,** del interior. En la
Sala Terrena de la entrada, sostienen la bóveda
cuatro atlantes, obra del italiano Matielli, de allí parte una doble escalera con estucados de Bussi. En
el techo de la sala central del piso alto, Altomonte
pintó una alegoría de la *Fama.* Las otras dos salas
contiguas fueron pintadas por Giacomo del Po. En
él se expone la colección de la Galería Austriaca,
Österreichische Galerie, con obras de los siglos XIX
y XX. En el primer piso hay cuadros de Max Klinger,
Hans Makart, Anton Romako, Gustav Klimt y Egon
Schiele, así como pinturas expresionistas.

En el segundo piso se muestra pintura clasicista,
romántica y *biedermeier* (retratos, bodegones y paisajes): obras de Waldmüller *(Boda en la Baja Austria,
1832)* y bastante pintura impresionista.

Info

✉ **Unteres Belvedere**
3, Rennweg 6
Oberes Belvedere
3, Prinz-Eugen-Str 27
🕐 10-18 h; miér hasta las 21 h
🚃 Tranvías 71 (Unteres
Belvedere), 18 (Oberes
Belvedere)
Ⓜ Karlplatz (Belvedere de
Abajo) U-Südbehnhof
(Belvedere de Arriba). Desde
Schwarzenbergerplatz
hay 5 minutos andando al
Belvedere de Abajo. Ambos
palacios están unidos por
los jardines.
🌐 www.belvedere.at

Unteres Belvedere
🍴 Salm-Bräu (M)
✉ Rennweg 8
☎ 799 599 2. *Brauerei* con
cerveza propia y cocina
ad hoc
🌐 www.salmbraeu.at

Oberes Belvedere
🍴 Cafetería

Hofburg

El colosal laberinto de 240.000 m² (18 alas de edificios, 19 patios, 2.500 habitaciones, jardines y museos), construido en sucesivas etapas y numerosas reformas desde el siglo XIV, fue residencia de los Habsburgo hasta 1918 y actualmente aloja la Presidencia de la República.

4

Info

- 🚍 38 (B2)
- ✉️ Entrada por Heldenplatz
- ☎️ (0)1-533 75 70
- 🚇 Herrengasse
- 🚃 Tranvías 1 y 2
- 🕐 Diario 9-17.30 h,
  julio y agosto 9-18 h
- ☕ Hofburg-Café, 10-19 h
- ☕ Café Sacher en la escuela
  española de Equitación:
  Mar-Dom 10-19 h

Museo de Sissi
- 🕐 Diario 9-17.30 h,
  julio y agosto 9-18 h

Weltmuseum
- ✉️ Heldenplatz, 1010
- 🕐 Jue-mar, 10-18 h,
  vie hasta 21 h
- ☎️ 534 30 50 52
- 🌐 www.weltmuseumwien.at

Schatzkammer
- 🕐 Mie-lun, 10-18 h,
- ☎️ 525 244 031

Capilla
- 🕐 Sep-jun, dom 9.15 h

▶ Fachada del Hofburg
a la Heldenplatz.

Al realizar la monumental fachada principal, en Michaelerplatz, en 1893, se descubrieron restos de la muralla romana que el diseñador Hans Hollein convirtió en 1991 en un "escaparate de la Historia vienesa" y fueron rodeados de un murete de piedra que roba a la plaza su elegancia cortesana.

Flanquean el imponente portal hercúleas figuras y dos fuentes alegóricas del "poder militar del mar" (a la izquierda) y "el poder militar en tierra" (a la derecha); en los nichos, los lemas de Carlos VI ("Constantia et fortitudo"), de Maria Teresa ("Iustitia et clementia"), de José II ("Virtute et exemplo").

Desde el portal se accede al **Museo de Sissi,** formado por las salas abiertas al público: Cámaras de audiencias, despachos y el espartano dormitorio de Francisco José, adornado con gobelinos flamen-

cos del siglo XVII y varios retratos de su esposa. En las habitaciones de la emperatriz resaltan la curiosa habitación de gimnasia (Turnzimmer) y una estatuilla de Luisa Bonaparte, hermana de Napoleón, obra del italiano Canova. También se muestran las habitaciones en las que el Zar Alejandro I se alojó durante los tres meses que estuvo divirtiéndose en el Congreso de Viena de 1815. Más curiosidades y porcelanas de Sévres y del Augarten hay en la **cámara de plata** del piso bajo, que es como se llama a los bajos donde se guardan vajillas, cuberterías y utensilios de cocina. En los fogones se cuece café, que se puede tomar en la terraza.

La parte más antigua del Hofburg es el Patio de los Suizos, **Schweizerhof**, a la izquierda del patio principal, desde el cual se accede a la **Cámara del Tesoro** y a la **Burgkapelle**. En la Cámara del Tesoro se conservan las insignias reales del Imperio Romano-Germánico, piezas personales de la realeza (cunas, joyas), objetos litúrgicos de los siglos XV a XIX y chocantes reliquias.

La **Capilla** es un pequeño templo gótico de una nave. En ella empezó a cantar en 1498 el coro de la corte, precedente de los Niños Cantores de Viena.

La parte trasera del Hofburg da al Ring y está formada por **Heldenplatz** (Plaza de los Héroes), construida a imitación del Louvre parisino. En esta plaza, adornada por las etatuas ecuestres de Eugenio de Saboya y el archiduque Carlos, 70.000 alborozados vieneses vitorearon a su compatriota Adolf Hitler en 1938. Por la plaza se accede a los museos de Éfeso, de Armas y de Etnología.

▌Los Niños Cantores de Viena

El Coro de los Niños Cantores de Viena (www.wsk.at), Wiener Sängerknaben, fue fundado en el siglo XVI por Maximiliano I y estaba formado por 6 muchachos que debían cantar los tonos altos en los oficios religiosos de la corte. Hoy día lo componen 100 niños. Tras dos cursos de estudios comunes en régimen de mediopensionistas o internado, a los 10 años son repartidos en cuatro grupos con un calendario muy ajustado: 7 meses estudiando (música y bachillerato), 3 meses de gira y dos meses de vacaciones. Schubert y Haydn fueron niños cantores. Desde 1924 el coro tiene su sede en Augarten.

Tras una reforma integral, el **Weltmuseum Wien** en la Heldenplatz muestra valiosos tesoros traídos de todo el mundo en 14 salas. Algunas de sus piezas más valiosas son la colección del navegante James Cook y el tocado de plumas de fama mundial de un sacerdote mexicano. En total más de 200.000 objetos etnográficos, 75.000 fotografías históricas y 144.000 publicaciones impresas sobre historia, cultura y vida cotidiana de pueblos no europeos.

Ópera de Viena

5

La Ópera Estatal de Viena (Wiener Staatsoper) es uno de los teatros de ópera más famosos del mundo y una visita a este magnífico edificio es una experiencia cultural única.

Fue el primer edificio que se construyó en el Ring. Se empezó antes de acabar de derribar las murallas, con las zanjas abiertas y los alrededores en obras. La prensa empezó a hablar de un "elefante empachado" y cosas por el estilo. La Ópera se inauguró al año siguiente con el *Don Giovanni*, de Mozart. Tiene un aforo para 2.000 personas y está considerado uno de los mejores teatros del mundo, con un público de los más exigentes.

En la historia musical del edificio resuenan ecos de los pitidos a Richard Strauss, de los aplausos a Böhm y la ironía de Von Karajan, que no quería "codirigir la orquesta con otros 2.000 directores". Entre todas sus convocatorias, la más sonada es

▶ Facha principal de la Ópera de Viena.

el baile de debutantes que se celebra todos los años en carnaval.

La mejor manera de experimentar la Ópera de Viena es asistir a una función, disfrutando de algunas de las mejores producciones de ópera, ballet y conciertos. Hay que consultar la programación con antelación y comprar las entradas con suficiente tiempo. En caso de asistir a una función, hay que tener en cuenta que la Ópera de Viena mantiene un código de vestimenta elegante. Muchas personas optan por vestirse formalmente, aunque no es obligatorio. Sin embargo, se recomienda evitar ropa demasiado informal, como jeans y camisetas.

Incluso si no se pretende asistir a una función, se puede realizar una visita guiada durante el día para explorar el impresionante edificio. Las visitas guiadas descubren lugares como el vestíbulo, la sala de ensayos y otros espacios interesantes del teatro.

Quartier 21
- 🕐 10-22 h. Entrada libre
- 🍴 Halle. Moderno café-restaurante de la Kunsthalle con ambiente estudiantil, cocina ligera
  - ☎ 523 70 01
  - 🕐 10-2 h
- 🍴 Café Leopold, en el museo
  - 🕐 10-2 h; jue-sáb 10-4 h
- 🍴 Kantine. Electric avenue/ Quartier 21
  - 🕐 9-2 h
- 🍴 Glacis-Beisl,
  - ✉ Courtyard 5
  - 🕐 Lun-dom 11-2 h

Museo MUMOK
- 🍴 CupCakes
  - 🌐 www.cupcakes-wien.at

Karlsplatz

En la plaza de la iglesia de San Carlos, descansan los turistas metiendo los pies en el estanque y los estudiantes pasan el rato en los cafés.

6

El espacio está rodeado por la Sociedad de Música, **Musikvereingebäude** (▶66), la Casa de los Artistas, **Kunstlerhaus** (▶58), el **Wien Museum Karlsplatz** y la **Universidad Técnica.**

En medio de la plaza están las **estaciones de metro** construidas por Otto Wagner. Una de ellas es un buen café. Al lado se construyó un edificio provisional para almacenar los fondos de la Kunsthalle, que, cuando fueron trasladados al Museumsquartier, se conservó como sala de exposiciones y café de artistas. Diseminadas por el parque están las **estatuas** de Brahms, que murió en Karlsgasse 4 y de varios inventores que aluden a la **Universidad Técnica**.

La iglesia de San Carlos Borromeo, **Karlskirche,** construida por Carlos VI, al acabarse la peste de 1713, fue costeada por todos los estados del imperio. La empezó Fischer von Erlach (padre) en 1714 y la terminó su hijo 50 años más tarde. Las dos *columnas "trajanas"* que flanquean la fachada tienen 33 m de altura y están decoradas con motivos de la vida del santo. La escultura del estanque, *"Hill Arches",* es obra de Henry Moore.

Info

🕐 39 (D3)
🚌 4A, 59A
🚋 Karlplatz,
   tranvías: 1, 2, D, J

Wien Museum Karlsplatz
✉ Karlsplatz 8
🕐 Mar-dom, 10-18 h
🌐 www.wienmuseum.at

Karlskirche
🕐 Lun-sáb, 9-18 h
   dom 12-19 h

Otto Wagner Pavillon
🕐 Mar-dom, 9-18 h
➕ Detrás de Karlsplatz, junto
   al Edificio de la Secesión,
   empieza el Naschmarkt

En un lateral está el renovado museo **Wien Museum Karlsplatz.** Maquetas, muebles y retratos documentan la evolución de la ciudad desde la época medieval a la actualidad. Especial interés revisten el *salón pompeyano* de una familia de banqueros (1800) y *habitaciones* de las casas del escritor Grillparzer (1849-72) y del arquitecto Adolf Loos (1903).

Naschmarkt

El Naschmarkt empezó siendo un mercado de leche que poco a poco se convirtió en el principal mercado de avituallamiento de Viena.

7

◀ Puesto de verduras en Naschmarkt.

S e extiende por la ribera izquierda del riachuelo Wien *(Linke Wienzeile),* desde el edificio de la Secesión hasta la estación de metro de Kettenbrücke: 500 m llenos de color, gente y chiringuitos autóctonos para comer o picar. En el primer trecho, próximo a la Secesión, hay especialidades exóticas para gourmets en los quioscos y locales en la calle Linke Weinzeile.

Adorna la fachada del **Theater an der Wien** un grupo escultórico, *Papageno y sus hijos,* porque se estrenó *La Flauta Mágica* de Mozart, o el *Fidelio* de Beethoven, que vivió en el teatro y tiene su cuarto reconstruido en una **agencia de turismo musical**. A la altura del **Café Drechsler,** renovado, los quioscos del Naschmarkt son más asequibles.

En el trecho final hay otra **estación de metro** construida por Otto Wagner en 1900. También son de Otto Wagner las casas número 38 y 40 de Linke Wienzeile: la casa de la fachada de rosas, **Majolikahaus,** fue decorada con valiosos alicatados de Alois Ludwig. Los sábados se monta detrás de la estación de metro un famoso rastro, **Flohmarkt,** y un mercado de productos regionales.

Cerca está la **casa en que murió Schubert,** a los 31 años de edad. Era la vivienda de su hermano mayor, a donde el médico le recomendó ir en busca de mejor aire que el del centro. Allí pasó los dos últimos meses aquejado de fiebres tifoideas acentuadas por la sífilis. En ella se expone mobiliario, retratos, fotos y partituras.

Info

🚇 Karlsplatz, Kettenbrückengasse

🍴 Naschmarkt Deli
Puestos 421-436
🌐 www.naschmarkt-deli.at
✉ Kettenbrückjengasse
🕐 Lun-sáb, 8-24 h

Casa Mortuoria de Schubert
✉ Kettenbrückengasse 6, segundo piso
🕐 Mar-dom, 9-12.15 y 13-16.30 h

KunstHaus Wien y Hundertwasserhaus

8

Entrar en el mundo de Hundertwasser es sumergirse en un dislocado conjunto de fachadas fragmentadas, esquinas redondas, pisos desnivelados, paredes de cerámica, ecológicas ventanas-jardín y un olvido absoluto del tiralíneas.

Info

- ✉ Weissgerberstrasse 13
- 🕐 10-19 h
- 🚋 Tranvías; N, O
- 🚇 U3-Rochusgasse
- 🌐 www.kunsthauswien.com
- 🍴 Tian Bistro
  - ✉ Ungargasse 57
  - ☎ 890 95 10
  - 🕐 10 a 20 h. Un vegetariano muy animado
- ✚ **Kalke Village,** enfrente de la casa de Hundertwasser (Kegekgasse), es un laberinto de pasajes diseñados por el propio Hundertwasser con tiendas, restaurantes y quioscos de comida

▼ La Incineradora, construida por Hundertwasser.

Friedensreich Hunderwasser (algo así como "Pacífico Cienaguas") es el seudónimo del polifacético vienés Friedrich Stowasser (1928-2000), cuya obra, alimentada en la tradición del modernismo vienés, comprende desde pintura, escultura, edificios y gráficos. Desde los años cincuenta estuvo comprometido con la ecología y desarrolló sus ideas de color y líneas originales que plasman toda una forma y estilo de vida. Falleció en el mar y quiso ser enterrado en su terreno de Nueva Zelanda, el "jardín de los muertos felices".

En este museo, construido en una antigua fábrica de sillas "Thonet", se muestran sus pinturas y proyectos de arquitectura ecológica, realizados en colaboración con el arquitecto Josef Krawina.

En el museo hay exposiciones temporales, una tienda y un café. El impacto de su obra se puede juzgar en la cercana **Casa Hundertwasser** (Kegelgasse/Löwengasse), un edificio de viviendas sociales que, en 1985, el ayuntamiento puso en manos del artista para que lo reformara.

En la casa hay un café y, enfrente, en las antiguas cuadras de un correo de posta, el centro comercial **"Kalke Village",** pastiche de la estética del artista.

Österreichische Nationalbibliothek

La Biblioteca Nacional de Austria, conocida como Österreichische Nationalbibliothek (ÖNB), es una institución cultural ubicada en Viena que alberga una extensa colección de libros, manuscritos, mapas, grabados, fotografías y otros materiales.

La biblioteca principal se encuentra en el **Hofburg**, el antiguo palacio imperial de los Habsburgo. Empezaron a reunir ejemplares en el siglo XIV, y tuvo su legitimación en 1575 con el nombramiento de un bibliotecario imperial que catalogó los 9.000 volúmenes entonces existentes. Carlos IV encargó la construcción de un edificio para alojarla al arquitecto Fischer von Erlach, que entre 1723-1726, llevó a cabo una vez más sus ideas sobre el espacio cupular, anteriormente ya realizadas en la **Karlskirche**, pero, esta vez, en colaboración con su hijo Enmanuel.

Hacia el exterior, el edificio está coronado por estatuas de la *Cuadriga de Palas Atenea* (Mattielli, 1725), y *Gea y Atlas portando los globos de la Tierra y el Cielo*. En el interior, el resplandor imperial tiene su sitial en la Sala Suntuosa, **Prunksaal**, una cúpula que se abre a la altura de dos pisos, con columnas corintias, estatuas de emperadores realizadas por los hermanos Strudel hacia 1700, escaleras de caracol y altas galerías con balaustradas en las que brillan los lomos dorados de los 16.000 volúmenes del legado de Eugenio de Saboya. En el centro de la sala, una gran estatua en mármol de Carlos IV, se corresponde con la pintura mural de la cúpula, obra de Daniel Grans (1730), que escenifica una *Apoteosis del Olimpo*, en la que una alegoría de la *Fama* presenta a Zeus el retrato del monarca, sostenido por Apolo y Hércules. Las naves están decoradas con los temas de la Guerra y la Paz.

A la caída de la monarquía, en 1918, la biblioteca pasó al Estado austriaco y se convirtió en Biblioteca Nacional. Hoy día cuenta con más de 2,5 millones de volúmenes. Otros 50.000 manuscritos, autógrafos y legados, de los que 16.000 son medievales: joyas como *Los Dioscuros vieneses*, la *Biblia de San Wenzeslao* (Praga, 1390-1395) y el *Livre du coeur d'amour espris del rey René d'Anjou* (1765).

9

Info

🚇 Heiligenstadt y autobús 38 hasta el final

En Grinzing
Hay muchos Heurigen a lo largo de la cuesta de Cobenzlgasse, todos con comida y música. Cierran a medianoche

En Heiligenstadt
Cerca de donde Beethoven escribió su testamento, hay varios Heurigen menos turísticos que los de Grinzing

Stephansplatz

10

En el centro de Viena, la catedral de San Esteban resume siete siglos de historia y la plaza es la más concurrida de la ciudad.

Info

- 39 (B3)
- www.stephanskirche.at
- Lun-sáb, 8.30-11.30 h; 13-17.30 h; dom, 13-17.30 h

Catacumbas, solo guiadas
- Lun-sáb 10-11.30 y 13.30-16.30 h; dom, solo por la tarde

Fabios (M)
- Tuchlauben 6
- 532 22 22
- www.fabios.at
- Lun-sáb 10-01 h
  Restaurante y bar

▶ Interior de la catedral de San Esteban.

El templo se empezó en 1250. De ahí datan la fachada y los dos torreones, llamados **Heiden-türme**, "torres de los paganos". En la fachada están incrustadas las medidas del codo vienés, el codo bohemio y el redondel del pan, para controlar a los vendedores del mercado. A la derecha de la puerta, hay un círculo con las letras O5. Es la inicial de Österreich: 0E, es decir, O y la 5.ª letra del alfabeto.

En 1363 se empezó a construir la torre Sur, el **Steffl**, con su aguja de 136 m de altura. Por 343 escalones se sube a la plataforma panorámica, a 72 m.

En 1455, Hans Puchspaum empezó la **segunda torre.** Dice una leyenda que el maestro pactó con el diablo prometiéndole no nombrar a Dios ni a los santos a cambio de conseguir una torre mejor que el Steffl. Pero un día vio desde el andamio a su mujer y la llamó: "¡María!". El diablo lo arrojó desde los 60 m de altura y la torre quedó sin acabar; se puso el campanario en 1578.

La **campana Pummerin** fue fundida en 1711 con balas de cañón disparadas en el segundo cerco de los turcos. En el **interior** las columnas de separación de las tres naves tienen nichos con 77 imágenes datadas entre 1450 y 1550. En el centro está el Púlpito de las Ranas, *Froschkanzel,* obra de Anton Pilgram (1460-1515).

Las **catacumbas** forman parte del sistema de subterráneos, que, en muchos casos, eran bodegas. Las de la catedral servían de cementerio: en la cripta más antigua reposan los cuerpos de los Habsburgo hasta 1676. Se conservan las gárgolas y esculturas originales de la fachada.

▶ Vista de los tejados de la ciudad desde la catedral.

Visita
a
Viena

Viena
y los
vieneses

El centro de Viena es como cualquier otro centro de cualquier capital europea: tiendas, terrazas en la calle y anodinos edificios de posguerra. Pero hay también vieneses: el caballero de traje gastado que se pasa las tardes leyendo la prensa en el café; el cochero de *fiacre* que en dialecto vienés trata de ajustar el precio con unos turistas japoneses; el vendedor de castañas que le da a la niña un par de "Maroni", con sus mejores saludos para la abuela; estudiantes apresurados que interrumpen su discusión para firmar en una mesa contra los laboratorios que experimentan con animales...

▮ Orientarse en Viena

Viena está organizada radialmente en torno al casco antiguo, unos 2 km de diámetro, que está rodeado, al este, por el canal del Danubio, Donaukanal, y, en los restantes puntos cardinales, por el Ring (anillo), un magnífico bulevar de 4 km surcado de museos, palacios, parques y edificios monumentales. A 2 km al exterior hay otro anillo, el Gürtel. Entre el Ring y el Gürtel están los barrios interiores de Viena (Innenbezirke). Más allá del Gürtel, los barrios exteriores y las afueras.

◀ Reichsbrücke, puente sobre el Danubio hacia la ONU-City y Donaupark.

En el Centro, el Ring y los barrios interiores están los principales museos de la ciudad. El corazón del casco antiguo es la plaza de la Catedral. Delante está la zona peatonal, un cuadrado cercado por el comercio de las calles Kärntner Strasse, Graben y Kohlmarkt y por el complejo del Hofburg. Entre la zona peatonal y el barrio de la banca (Schottenring) está la parte más antigua, Viena histórica.

El Palacio Real, Hofburg, es un complejo de palacios, patios y museos. Atraviesa el Ring (Plaza de María Teresa) y se prolonga en el MuseumsQuartier, que eran las caballerizas del palacio. Detrás del MuseumsQuartier empieza la calle comercial de Maria Hilfer Strasse que se prolonga por la calle Schönbrunner Allee y llega (5 km) al palacio de verano de los Habsburgo, Schönnbrunn.

Al otro lado del canal, que rodea el casco antiguo por el este, está el barrio de Leopoldstadt, con los parques del Prater y el Augarten y las nuevas urbanizaciones del Danubio. En el río hay una gran isla, Donauinsel, de 20 km de longitud, convertida en parque. Al otro lado de la isla, en el Antiguo Danubio, Alte Donau, están la ciudad de la ONU (UNO-City) y el parque Donaupark.

◀ Fachada de un edificio Art Nouveau en Naschmarkt.

VIENA CENTRO

A map of central Vienna showing streets and landmarks, including:

Frankh-Platz, Roosevelt-Platz, Votivkirche, Sigmund-Freud-Park, M.-Theresien-Str., Schotten-Ring, Börse, Börse-Platz, Essling-Gasse, Neutor-Gasse, Universitäts-Strasse, Juridische Fakultät, Wipplinger Gasse, Concordia-Platz, Strasse Garnison-G., Schotten-Ring, Helferstorfer Str., Radio Austria, Renn Gasse, Maria am Gestade, Strasse, Universität, Mölker Bastei, Schotten Gasse, Schotten Kirche, Palais Schonborn-Batthyány, Freyung, Graben, Bürgerliches Zeughaus, Ebendorfer Strasse, Pasqualati-haus, Teinfalt Str., Palais Kinsky, Palais Harrach, Tiefer Graben, Am Hof, Böhmische Hofkanzlei, Felder-Strasse, Rathaus, Lichtenfels-G., Rathaus-Platz, Burgtheater, Lowel, Herren Gasse, Palais Ferstel, Nagler-G., Kirche "am Hof.", Bogner-G., Uhren-Museum, Palais Starhemberg, Niederösterr. Landhaus, Walther-Str., P. Esterházy, Tuchlauben, Landesgerichts Friedr.-Schmidt-Platz, Rathaus, Rathaus-Park, Stadtpalais Liechtenstein, Minoritenkirche, HERRENGASSE, Kohlmarkt, Peters Kirche, Bartenstein-G., Lowel Str., Bundeskanzleramt, Looshaus, Reichsrats-str., Volksgarten, Ballhaus-Platz, Michaeler-Platz, Michaelerkirche, Ankerha, Parlament, Universitätsring, Hofburg, Stallburg, Spiegel-Gasse, Kä, Schmerling-Platz, LERCHENFELDER-STR., Bräunerstrasse, Justizpalast, Helden-Platz, Josefs-Platz, Nat. Bibliothek, Dorotheum, Kapuziner Kirche, Neue Mark, Palais Trautson, Bellaria, Museum-Str., Burggtor, Neue Burg, Augustiner K., Palais Lobkowitz, Tegetthof-Str., Lerchenf.-Str., Naturhistorisches Museum, VOLKS THEATER, Burg Ring, Augustiner-Str., Volkstheater, Burg-G., Maria-Theresien-Platz, Palmenhaus, Albertina, Albertina-Platz, Kunsthistorisches Museum, Burggarten, Babenberger-Str., Museums-quartier, Spittelberg, Breite Gasse, Siebenstern-G., K.-Schweighofer-G., BABENBERGERSTRASSE, Eschenbach-G., Opernring, Staatsoper, Operngasse, Elisabeth-Str., Österr. Tabakmuseum, Getreidemarkt, Stiftskaseme, Stiftskirche, Mariahilfer Strasse, Königs-kloster-G., Akademie der bild. Künste, Secession, KARLSPLATZ, Friedrich Str., Handels-akademie, Windmühl-Gasse, Gumpendorfer Strasse, Köstler-G., Leha, Theater an der Wien, Linke Wienzeile, Rechte Wienzeile, Opern-Gasse, Wiener-Str., Bibliothek d. Tech. Univ., Naschmarkt, Wiedner Hauptstrasse, Österr. Verkehrsburo, Stadtbahn-Pavillon, Technische Universität

LO QUE HAY QUE VER EN VIENA

❙ AKADEMIE DER BILDENDEN KÜNSTE (ACADEMIA DE ARTES PLÁSTICAS) **

La Academia es una prestigiosa escuela de arte fundada en 1692 por Peter von Strudel y alojada en este edificio del Ring, obra del danés Theophil von Hansen (1880), que cita el renacimiento italiano en su arquitectura.

La Academia cuenta con una colección de arte, iniciada en 1821, compuesta por cuadros datados desde el siglo XIV al XX, entre otros el *Tríptico del Juicio Final,* de El Bosco (1504), una buena representación de paisajistas y pintores holandeses –Ruisdael, Pietr de Hoochs, Rubens, Van Dyck, Rembrandt– y de pintores barrocos italianos. También expone un gabinete de grabados.

❙ ALBERTINA
(►22, DIEZ LUGARES INOLVIDABLES)

❙ AM HOF **

En el montículo donde estaba la plaza central del antiguo campamento romano, construyeron su palacio los Babenberg y de ahí deriva su nombre: Am Hof "Junto a la corte".

Más tarde, sobre el solar del palacio, los jesuitas, paladines de la Contrarreforma, construyeron en el siglo XVI la primera iglesia que tuvieron en Viena, y que fue reformada en el siglo XVIII. Ante ella hay una **Columna de María** (Carlone y Canevale, 1645) levantada por deseo de Fernando III en Acción de Gracias por haber superado el asedio de los suecos durante la Guerra de los Treinta Años.

· · · · · · · ·
🕐 38 (D2)
✉ Schillerplatz 3
🚇 Karlsplatz
🚋 Tranvías: 1, 2, D, J
Bus: 57A, 59A
🕐 Diario excepto mar-dom 10-18 h
💻 www.akbild.ac.at

· · · · · · · ·
🕐 38 (A-B2)
🚋 Tranvías 1, 2, D
🚇 Stephansplatz, Herrengass Altes Zeughaus

▼ Fiaker en la animada plaza Am Hof.

▌ AUGARTEN ★★

El Parque de la Vega, Augarten, es el más antiguo de Viena. Era parte del coto de caza imperial en el que los Habsburgo se hicieron un palacio, **La Favorita**, al estilo de los de Aranjuez.

Cerca de la entrada principal está el palacio del Augarten, residencia de los *Niños Cantores de Viena* y sede de la **Augarten-Porzellanmanufaktur**.

El gran parterre que hay ante el palacio está surcado de caminos geométricos que se cruzan en una gran estrella central desde la que parte una avenida de cuatro filas de castaños. En ella se instala un **cine de verano** con chiringuitos bajo los árboles, muy cerca de las dos torres de defensa antiaérea, **Flak-Türme**, de la II Guerra Mundial.

- ✉ Obere Augartenstr. 1
- 🚊 Tranvías 31, 32, N
  Bus 5.ª
- 🌐 www.augarten.at
- 🍴 Bunkerei.
  Un pequeño restaurante junto al búnker que hoy se utiliza para eventos culturales
- ✉ Obere Augartenstr. 1
- 🕐 11-22 h

▲ Torre en el Parque Augarten.

▌ AUGUSTINERKIRCHE ★

Aunque la iglesia de los Agustinos data del siglo XIII, ha sufrido tantas reformas que es imposible reconocer su estructura gótica.

El interior es rococó. En ella está la **tumba de la princesa María Cristina**, esposa de Alberto de Sajonia, el príncipe alemán que comenzó la colección Albertina cuando fue virrey de los Países Bajos. La tumba, obra de Antonio Canova (1798-1805), es un friso de mármol con una procesión de figuras dolientes.

En otra capilla está la **tumba de Leopoldo II** (Zauner, 1799). En la capilla de Loreto se pueden ver las **54 urnas de plata** que contienen corazones imperiales de 1637 a 1878 (los cuerpos embalsamados están en Kapuzinerkirche y los intestinos en la cripta de la catedral).

- 🗺 38 (C2)
- ✉ Augustinerstr. 3
- 🕐 Visitas guiadas:
  Lun-vie 11 h y 15 h
- 🚊 Tranvías; 1, 2, D, J
- 🚇 Sptephansplatz,
  Herrengasse
- 🌐 www.augustinerkirche.at
- ℹ Los domingos y festivos (excepto en julio y agosto) la misa mayor, a partir de las 11 h, es cantada con coro y orquesta

I BELVEDERE
(▶ 23, DIEZ LUGARES INOLVIDABLES)

I BURGGARTEN **

El parque se construyó en 1819 con el nombre de Kaisergarten para tapar el agujero que había dejado la voladura de la bastilla por las tropas de Napoleón. En 1919 la primera república austriaca le cambió el nombre y lo abrió al público.

Es un jardín paisajístico en miniatura, con estanque, valle y altozano. A la entrada del mismo está la **estatua de Mozart** (Viktor Tilgner, 1896) y, un poco más atrás, simétricas, la figura ecuestre de **Esteban de Lorena,** consorte de María Teresa (Baltasar

⏱ 38 (C2)

✉ Burggarten 1
El jardín está detrás del Hofburg, entre el Neue Burg, la Biblioteca y el Albertina

▼ Casa de las Mariposas en el Burggarten.

Moll, 1781) y otra de **Francisco José** (Johann Beck, 1901). En la entrada de Albertinaplatz, el predicador Abraham de Santa Clara (Hans Schwathe, 1928), un popular agustino que dio sermones durante la peste de 1679. Preside el parque el **pabellón de cristal de Palmenhaus** (Friedrich Ohmanns, 1902), antiguo invernadero transformado por el posmoderno G. Eichinger en un buen café-restaurante.

Al lado, en la **Casa de las Mariposas,** miles de ellas aletean entre plantas tropicales y se enredan en los rayos de luz. Como las mariposas tienen su origen en países tropicales como Costa Rica, Belice, Surinam, Tailandia o Filipinas, la temperatura es la misma durante todo el año.

☕ Café Palmenhaus
🖥 www.palmenhaus.at

Casa de las mariposas
✉ Schmetterlingshaus
⏱ Lun-vie 10-16.45 h, sáb-dom 10-18.15 h; invierno lun-dom 10-15.45 h
🖥 www.schmetterlinghaus.at

I BURGTHEATER ✶✶

Construido en el año 1867 según planos de Gottfried Semper y Carl von Hasenauer, hubo que reformarlo por problemas de acústica: un gran fallo, si se tiene en cuenta que Semper era el arquitecto de la Ópera de Dresde y del Teatro de Wagner en Bayreuth.

Como los problemas no se subsanaron del todo, se optó por exigir a los actores una impostación adecuada de voz y crear el **Burgtheaterton.**

Es el principal escenario de Austria y trabajar en él es la culminación de una buena carrera dramática. La gran escalera principal fue decorada por Gustav Klimt con motivos de la historia del teatro.

🕐 38 (B1)
✉ Universitätsring 2
🚊 Tranvías 1, 2, D
🚇 Herrengasse
🕐 Lun-vier. 9-17 h
   Visitas guiadas en inglés, a
   diario 15 h
🌐 www.burgtheater.at

▼ Volksgarten y Burgtheater
   en el Burggarten.

I DOM- UND DIOZESANMUSEUM ✶

En el lateral de la plaza donde aparcan los *fiacres* está el **Palacio Arzobispal** (Coccapani, 1641) y, en un extremo del mismo, en el pasadizo que conduce a la calle Wollzeile, el **Museo Diocesano.**

En él se exponen objetos religiosos y artísticos procedentes de los templos vieneses. Sus mejores piezas son un *retrato de Rodolfo IV, el Fundador* (lo fue de la Catedral y de la Universidad) obra de un maestro bohemio (1365), el *Altar de Amberes* (1460), el *Señor del Dolor* de Cranach, una talla renacentista de *Santa Ana, la Virgen y el Niño* (Veit Stoss, 1505), evangeliarios, tablas de esmaltes y custodias.

🕐 39 (B3)
✉ Stephansplatz 6
🚇 Stephansplatz
🕐 Mier-dom. 10-18 h; juev
   10-20 h
🌐 www.dommuseum.at

- Neue Donau, Donauinsel
- Strandbäder (S1, S2, 53), Lobau, Brücke (S80)
  Tranvías 21, 31, 32
- Restaurantes de Copa Cagrana

▲ Perfil de Donau City, con la nueva DC-Tower, el rascacielos más alto de Austria.

- 38 (C2)
- Dorotheergasse 17
- Stephansplatz

Subastas (Auktionen)
- www.dorotheum.com
- Cafetería

DONAUINSEL ★★

La isla del Danubio se abrió al público en 1988 convertida en un paraíso eco-deportivo con 330 ha de agua y 470 ha de tierra: campos de balonvolea y baloncesto, pistas de skater, instalaciones de esquí acuático, escuelas de surf y de buceo, alquiler de barcas y un parque acuático en la playa de Kagran que da al Nuevo Danubio. Aquí hay praderas para tomar el sol, instalaciones de picnic y bares y cafés que completan la oferta.

El sur de Donauinsel, **Lobau,** es ya parte del Parque nacional de Donau-Auen (▶16). El centro de la isla está urbanizado y, cerca de UNO-City y del metro, ha surgido una zona de discotecas, bares y restaurantes de aspecto tropical bautizada como **Copa Cagrana.** Esta zona se extiende a las dos orillas del Neue Donau unida por un puente peatonal. El nombre viene del barrio de Kagran, al otro lado del río, al que los vieneses llaman con sorna *Transdanubien,* como si dijeran "ultramar".

DOROTHEUM ★★

El Dorotheum, una de las grandes **casas mundiales de subastas,** fue fundado por José I (1707) como "monte de piedad" con fines benéficos y alojado en el antiguo convento agustino de Santa Dorotea. A pesar de las reformas de 1900, el Dorotheum conserva su aire popular. Hay subastas cada semana y otras especiales de arte al año.

Entre tienda selecta y rastro kitsch pueden encontrarse **gangas** raras por pocos euros en la sala de "precios fijos".

EPHESOS-MUSEUM ✶✶

En el Museo de Éfeso se muestran los hallazgos realizados por arqueólogos austriacos en Éfeso y Samotracia, entre los que destacan el *Friso de Partia*, de 40 m de largo, tumbas, esculturas y una maqueta de la ciudad de Éfeso. Aunque las excavaciones continúan, los hallazgos permanecen en Turquía.

🕐 38 (D-C2)
✉ Heldenplatz (Neue Burg)
🕐 Diario 10-18 h; juev. 10-21 h
🌐 www.khm.at

ESPERANTOMUSEUM ✶

El único museo dedicado en el mundo a este idioma utópico. Con grabaciones, publicaciones y periódicos, entre ellos, gacetas de China y Corea.

✉ Herrengasse 9
(Palais Mollard-Clary)

FIGARO HAUS ✶✶

En la calle Domgasse 5, frente al Callejón de la Sangre *(Blutgasse),* está la **casa** en que vivió **Mozart** entre 1784 y 1787 y donde compuso las *Bodas de Fígaro*.

En el primer piso se recrea la vivienda del compositor y en los restantes el ambiente de Viena en el siglo XVIII y el mundo musical del compositor. En la planta baja hay tienda y cafetería y en el sótano, una sala de conciertos.

🕐 39 (B3)
✉ Domgasse 5
🕐 10-19 h
Ⓜ Stephanplatz
🌐 www.mozarthausvienna.at

FRANZISKANERPLATZ ✶

Por Singerstrasse se llega a Franziskanerplatz, un recinto cerrado del siglo XVII con una fuente en el centro y la terraza del *Kleines Café*. La **iglesia de San Francisco,** es del siglo XVII pero tiene fachada renacentista. En el altar mayor (Andrea Pozzo, 1707) hay integrada una talla de 1500, llamada *La Madonna del Hacha* porque fue atacada por algún hereje que cayó fulminado dejando su hacha clavada en la Virgen.

🕐 39 (C3)
Ⓜ Stephansplatz

▲ Barcos en la isla del Danubio; al fondo la Torre del Millenium.

- ✉ Berggasse 19
- ⏰ 10-18 h
- 🚊 Tranvías: 1, 2, D, J
- Ⓜ Schottentor, Herrengasse
- 🌐 www.freud-museum.at

❚ FREUD-MUSEUM ✳

Es la casa en que Sigmund Freud (1856-1939), iniciador del psicoanálisis, vivió y trabajó desde 1891 hasta que los nazis le obligaron a exiliarse en Londres en 1938, donde está su famoso sofá. Aún se conserva el recibidor original.

El autor de *La interpretación de los sueños* (1900) fue adjunto de neurología en la facultad, pero, por ser judío, nunca consiguió una cátedra, a pesar de que entre sus alumnos estaban C. G. Jung y Wilhelm Reich. En el museo también se documenta la vida de su hija, Anna Freud, psicoanalista infantil.

- 🚌 38 (A2)

Austria Bank Kunstforum
- ✉ Freyung 8
- ⏰ Lun-dom, 10-19 h,
  vier hasta las 21 h
- 🌐 www.kunstforumwien.at

Museum im Schottenstift
- ✉ Freyung 6
- ⏰ Mar-sáb 11-17 h
- 🌐 www.schotten.wient

❚ FREYUNG ✳

El nombre de la plaza ("Liberación") viene del derecho de asilo que tenía el convento de los escoceses, **Schottenstift**, situado desde el siglo XII a extramuros de la ciudad y a salvo de su justicia. Fue fundado por benedictinos que llegaron en el siglo XII a evangelizar el Danubio procedentes de Irlanda, entonces denominada "Nueva Escocia", llamados por el Babenger Enrique II, *Jasomirgott* (*ja so mir Gott steht*, o sea, "Dios me asista").

En el monasterio hay un instituto de enseñanza media en el que estudió Strauss, una pensión y un museo, **Museum im Schottenstift,** donde se expone la pinacoteca del convento, entre cuyas piezas hay algún Rubens y el famoso retablo anónimo de la iglesia, en cuyas 19 tablas de escenas bíblicas, entran como decorado paisajes de la Viena de 1475.

▼ Café Central, en Freyung.

▲ Interior de la Wagner-Villa.

En el centro de la plaza triangular, la **Fontana de Austria** recuerda los tiempos del Imperio cuando eran austriacos los ríos Po, Elba, Vístula y Danubio.

Los palacios de **Goltz-Kinsk** (n.º 4) y de **Harrach** (n.º 3), que cierran la plaza con el palacio **Ferstel**, suelen albergar exposiciones temporales.

En el palacio del n.º 8, con espectacular entrada de estilo egipcio, está la **sala de exposiciones** del Banco de Austria.

En dirección a la plaza Am Hof, donde estaba el castillo de los Babenberg, aún puede verse en la calle Tiefen Graben la profundidad del **foso** de las murallas de la primitiva Viena.

**I FUSCHMUSEUM IM WAGNER-VILLA ★★
(MUSEO ERNST FUCHS EN LA CASA DE OTTO WAGNER)**

Construida por Otto Wagner en 1888, vivió en ella hasta que la vendió en 1911. Con el dinero de la venta se compró el solar vecino y se construyó otra más sencilla (n.º 28). Esta compraventa de casas era norma de vida del arquitecto.

La primera casa quedó abandonada y estaba casi arruinada cuando, en 1963, la compró el pintor Ernst Fuchs, la restauró e hizo en el jardín dos **templos esotéricos,** uno de ellos en colaboración con su maestro Hundertwasser.

El resultado es un delirante escenario onírico en el que se exponen pinturas y esculturas que ilustran las ideas del estrambótico artista, más fáciles de entender que de tomar en serio. La casa tiene momentos insólitos como las vidrieras del salón, la decoración del dormitorio y el baño del piso superior.

✉ Hüttelbergstr. 26
🕐 Lun-Vie, 10-16 h
🚇 S-Bahn hasta la estación de Hüttelberg o Tranvía 49 hasta el final de línea. Desde ambas hay que caminar 15 min o tomar el autobús 52B

🕐 38 (B2)
✉ Palais Mollard-Clary, Herrengasse 9
🕐 Mar-dom, 10-18 h

🕐 38 (B2)
🍴 Zum Schwarzen Kameel
　　Bognergasse 5
　　www.kameel.at
🕐 8-12 h

▍GLOBENMUSEUM   ✳

Museo único en el mundo en lo referente a esta especialidad. El **Museo de los Globos Terrestres** muestra 350 globos y esferas armilares, entre los cuales, destacan dos globos terráqueos de Mercator (1550).

▍GRABEN, EL FOSO   ✳✳✳

A finales del siglo XII se cegaron los fosos del campamento romano y sobre ellos se estableció un mercado, que, en el siglo XIX, con la proximidad del Hofburg, era un elegante paseo.

En el centro del Graben está la **Columna de la Peste** (Fischer von Erlach, 1682), imitada en todas las ciudades austriacas. Se puso para cumplir una promesa de Leopoldo I por el final de la peste de 1679, que causó 75.000 víctimas en la ciudad, y fue realizada por varios escultores: la empezó Matthias Rauchmiller en 1681, la continuó Fischer von Erlach y la terminó Ludovico Burnacini.

La Trinidad se alza sobre nubes con angelillos, alegorías y una figura orante del monarca, obra de Paul Strudel.

En la misma promesa de Leopoldo I entraba la vecina **iglesia de San Pedro** (Montani y Hildebrandt, 1703-1733), una de las joyas barrocas de Viena.

▶ La animada Graben. Sobre estas líneas, la Columna de la Peste.

Aunque no quedan en el Graben edificios antiguos, sí merecen atención algunas portadas: la casa del **n.º 10** la hizo Otto Wagner en 1910 para la aseguradora *Anker;* la puerta del **n.º 13**, *Modas Knize,* conserva el diseño de Adolf Loos (1910); la joyería del **n.º 21** la hizo Hans Hollein (1972), el arquitecto de Casa Haas. Los **servicios públicos** del centro de la calle son obra de Adolf Loos.

Al final del Graben siguen tres calles peatonales. La que sale a la derecha es **Tuchlauben,** la calle medieval del gremio de los pañeros, que continúa la zona comercial con tiendas de mobiliario y decoración, librerías, anticuarios, seguros y bancos que anuncian el barrio financiero, y que empieza en Bognergasse y va hasta Schottenring.

La calle prolongación de Graben, **Naglergasse** (calleja de los fabricantes de agujas), sigue el itinerario de la antigua empalizada del campamento romano hasta las plazas **Am Hof** (▶40) y **Freyung** (▶46).

Aquí predominan los restaurantes y tiendas de *delicatessen*, algunas en los semisótanos. Es una de las calles que más casas antiguas conserva de Viena: casas góticas con fachada barroca (n.º 15, 17, 27) y renacentistas (n.º 7, 13, 19, 23, 25).

▲ Interior de la iglesia de San Pedro.

Por el centro de Viena

Salida/Regreso
Stephansplatz

Duración
4 horas

Descanso
Café Havelka
✉ Dorotheergasse, 6

Romische Ruinen
✉ Hoher Markt 3
🕐 Mar-dom 9-18 h
🌐 www.roemermuseum.at

▌ Desde **Stephansplatz** (▶32) se va por Karntner Strasse, la principal calle comercial de Viena. En Himmelpfortstrasse se tuerce a la derecha y se entra en Neuer Markt.

Esta plaza tiene en el centro la **fontana Donner-Brunnen**. En la cripta de la iglesia de los Capuchinos están enterrados los cuerpos de los Habsburgo (**Kaisergruft**).

▌ Por Plankergasse se llega a Dorotheergasse, donde está la casa de subastas **Dorotheum** (▶44). Entrar y encontrar alguna ganga si no hay subasta es relativamente sencillo. En esta calle están el **Museo Judío** (▶55) y el vetusto **Café Havelka**, uno de los más tradicionales de Viena.

Plankergasse acaba en el Graben, vía comercial construida cuando se cegó el foso del palacio. Aquí está la Columna de la Peste, **Pestsäule**, levantada en memoria de las 75.000 víctimas de la epidemia de 1679.

▌ Torciendo a la derecha, en Petersgasse, se pasa por la iglesia barroca de San Pedro, **Peterskirche**, una de las joyas del barroco vienés. Aunque fue construida a semejanza de San Pedro de Roma, está engastada en las estrechas callejas laterales del Graben, lo que acentúa el contraste de espacios.

La amplitud interior viene proporcionada por una gran cúpula ovalada de 57 m de altura, profusamente decorada con un luminoso fresco de Michael Rottmayr (1713) que representa la *Coronación de la Virgen*.

▌ Desde Petersplatz se llega por Tuchlauben hasta la gran plaza de Hohermarkt, donde está el Ayuntamiento Viejo, **Altes Rathaus**.

Aquí estaba el campamento romano de Vindobona, cuyos restos, **Romische Ruinen**, se pueden visitar en el subsuelo. Si es mediodía, verá el desfile de personajes del reloj **Anker Uhr**.

▌ Desde Hoher Markt, tomando Rotertumstrasse hacia la derecha, se vuelve a la plaza de la Catedral.

▼ Fachada y cúpula de la iglesia de San Pedro.

▲ Viñedos de Grinzing con Viena al fondo.

La tercera calle va desde Graben hasta el Hofburg: **Kohlmarkt** era en la Edad Media el mercado de carbón. Hoy tiene joyerías y tiendas de diseño *(Cartier, Chanel, Gucci, Louis Vuitton,* etc.), tiendas de recuerdos y tiendas K & K (iniciales de los proveedores de la corte), entre las que destaca la **pastelería Demel.** En la casa de enfrente (Grosse Michaelerhaus) vivieron el poeta Pietro Metastasio (1698-1782) y el músico Joseph Haydn (1750).

I GRINZING (▶31)

I HAUS DER MUSIK ✱✱✱

En el museo interactivo Haus der Musik se da un repaso a la historia musical de Viena por medio de diferentes hologramas y se puede experimentar con muchos juegos acústicos: dirigir una orquesta, componer la propia música y sensibilizarse con el sonido en distintas salas. Expone también la historia de la *Wiener Philharmonie,* que se formó en esta casa hace más de 150 años.

✉ Seilerstätte 30
🕐 Diariamente 11-21 h
🚇 Karlsplatz
🌐 www.hausdermusik.at

I HEERESGESCHICHTLICHES MUSEUM ✱✱

Detrás de la Estación del Sur, *Südbahnhof,* al otro lado del Gürtel, están los **cuarteles** del Arsenal (72 edificios en 31 bloques), construidos tras la Revolución de 1848 para mantener el orden público en la zona del Gürtel, polvorín de tensiones sociales.

El estilo morisco-bizantino fue el elegido por sus arquitectos, T. von Hansen y L. Förster, que después trabajaron en el Ring.

En el **Museo de Historia del Ejército,** se muestran 500 años de la historia bélica europea y se exponen testimonios históricos, como el coche en que murió asesinado el príncipe Ferdinand en Sarajevo.

✉ Arsenalstrasse, en el Objekt 1
🕐 9-17 h
🚌 Bus: 13A, 69A
    Tranvía D, O, 18
🚇 Südtiroler Platz
🚆 S1, S2, S3, S7, S15, S60, S80
🌐 www.hgm.or.at

Alrededor del Hofburg

Salida
Albertinaplatz

Llegada
Freyung

Duración
2 horas

Desde el Albertina, siguiendo por Augustiner Strasse, la calle que limita el Palacio del Hofburg, se pasa por la iglesia de los Agustinos, **Augustinerkirche** (▶41) y junto al Museo del Teatro, **Theatermuseum**, antes de llegar a Josefplatz, una plaza empedrada con la estatua de José II, donde está la entrada a la Biblioteca del Palacio, **Österreichisches National-bibliothek** (▶68).

Entre los palacios de la otra acera de Augustiner Strasse destacan el **Palais Pallavicini** (n° 5) y el **Palacio Pálffy** (n° 6) con buenos salones de conciertos. El Palais Palaviccini alberga una colección de obras de Salvador Dalí.

En Josefsplatz está la **Spanische Reitschule** (▶76) y, enfrente, el museo de caballos de raza lipizana, **Lipizzaner Museum** (▶63).

La entrada principal al Hofburg es la monumental fachada cóncava de **Michaelerplatz,** que fue realizada en 1895 según antiguos planos del arquitecto Fischer von Erlach.

Da a la plaza la iglesia de San Miguel, **Michaelerkirche,** antigua parroquia de la corte construida en el siglo XIII, al mismo tiempo que se empezaba el palacio por los maestros canteros de la catedral. Ampliada en el XIV, se renovó en estilo gótico en el XVI y en 1792 Lorenzo Matielli construyó el pórtico barroco de líneas clasicistas con el Ángel Caído.

En el interior hay restos de frescos románicos en la capilla de la torre y el *Cristo del Dolor* (1430) en la capilla bautismal. El altar barroco es obra de Jean

▶ Fresco medieval del Última juicio y la Virgen María en Michaelerkirche.

Baptiste D'Avrange (1781). La *capilla de San Nicolás* fue patrocinada por el maestro cocinero del palacio en Acción de Gracias por haber salido indemne de un envenenamiento en 1350. En la cripta los huesos de antiguos enterramientos cubren el suelo y las paredes y se exponen 250 ataúdes.

❚ En el lateral oeste de la plaza se levanta uno de los edificios más escandalosos de la historia de la arquitectura vienesa, la Loos-haus, ocupada hoy por un banco.

Adolf Loos dibujó en 1910 las líneas de su arquitectura para la sastrería imperial de *Goldmann & Salatsch*, con un falso pórtico de columnas de mármol reflejando en la cristalera interior la fachada del Hofburg. El edificio provocó las iras de Francisco José y dejó de utilizar esta entrada. Loos contrapuso un estilo sencillo a la pompa arquitectónica que dominaba Viena a principios del siglo xx.

❚ Por su sencilla elegancia, la Casa Loos es uno de los precedentes estéticos de la arquitectura actual. Está decorado con espejos y madera de caoba.

Al lado de la Casa está el **Café Griensteidl**, de mayor tradición literaria de Viena. Entre 1847 y 1897 perteneció al farmacéutico imperial Heinrich Griestedl, que convocaba tertulias. En 1897 fue demolido para construir el **palacio Herberstein**: el escritor y periodista Karl Kraus le dedicó su obra *Die demolierte Litteratur.* Fue repuesto en 2000.

❚ Siguiendo por Herrengasse, se pasa por el **Palacio Mollard-Clary** que alberga los museos menores del Hofburg: **Globenmuseum, Musiksammlung** y el **Museo del Esperanto** (▶45).

Casi al final de Herrengasse está el **Café Central**, en los bajos del Palacio Ferstel.

❚ El **Palais Ferstel** fue construido por el arquitecto Heinrich Ferstel al mismo tiempo que la iglesia Votivkirche y la Universidad, para alojar el Banco Nacional y la Bolsa, que estuvieron allí poco tiempo.

Hoy alberga uno de los pasajes más elegantes de Viena, con una **fuente** en el cruce central que representa a una Ondina del Danubio, obra de Anton Fernkorn (1860) y suntuosas verjas de hierro forjado en las entradas.

❚ Si se atraviesa el pasaje Ferstel se llega a la **plaza Freyung** (▶46).

〖C Café Griensteidl
✉ Michaelerplatz 2
☎ 535 26 920

Museos del Palacio Mollard-Clary
✉ Herrengasse 9
🕐 Lun-Mié, Vie, Sáb 10-14 h; Jue 15-19 h

〖C Café Central
✉ Strauchgasse / Ecke Herrengasse
☎ 533 37 63 ext. 24 o 61

❚ HOFBURG (▶24-25)

❚ HOFMOBILIENDEPOT.
MÖBEL MUSEUM WIEN ★★

Escondido en los patios de Mariahilfer Strasse se encuentra este curioso almacén de trastos imperiales en los que se puede admirar, sin la seriedad que tienen los museos oficiales, desde objetos de decoración egipcios hasta el mobiliario que sirvió de decorado a las películas de Sissi.

✉ Andreasgasse 7
🚇 Mariahilfer Strasse
🕐 Mar-dom 10-18 h
📱 www.hofmobiliendepot.at

❚ HOHER MARKT ★★

Por la calle Judengasse se llega a la plaza del Mercado Alto. En el centro está la *Fuente de la boda de San José con la Virgen,* **Vermählungsbrunnen**. Por el pasaje de la casa del n.º 3 se accede a las ruinas romanas del subsuelo, donde estaba la plana mayor del campamento romano.

En el gran reloj **Anker Uhr,** llamado "del ancla" porque fue donado a la ciudad por la casa de seguros *Anker* en 1914, da cada una de las horas un personaje vienés, desde Marco Aurelio hasta Haydn, y a mediodía, hacen la ronda todos juntos. Es obra del pintor Franz Matsch.

✉ Altes Rathaus

En Wipplinger Strasse está el ayuntamiento viejo, **Altes Rathaus,** que alberga una documentación sobre la resistencia austriaca antihitleriana y, enfrente, la antigua Cancillería de Bohemia, actualmente Tribunal de Cuentas. Más abajo, metida en *Salvadorgasse,* está la iglesia de Santa María del Barranco, **Maria am Gestade,** construida en el siglo XIV al borde de un talud que bajaba hasta el río. El interior está tan renovado que parece de ayer mismo.

❚ JOSEPHINUM ★★
(MUSEO DE HISTORIA DE LA MEDICINA)

El Josephinum es un palacete clasicista construido en 1785 por Isidor Canevale para la escuela de medicina militar de Joseph II.

De las buenas instalaciones del centro da muestra la colección de más de mil objetos anatómicos fabricados en Florencia (1780) para sustituir los cadáveres humanos en las prácticas. Los materiales empleados, las poses apolíneas de los muñecos y las urnas de palo de rosa y cristal veneciano dan a la colección un morboso atractivo.

Cerca, en el campus universitario, queda la Torre de los Locos, **Narrenturm,** un curioso edificio que fue manicomio y actualmente es Museo Patológico-Anatómico.

✉ Währinger Str. 25
🕐 Vie-sáb 10-18 h,
miér. 16-20 h
🚋 Tranvías 37, 38, 40, 41, 42
🚇 Schttentor
📱 www.josephinum.ac.at

Narrenturm
✉ Uni Campus, Spitalgasse 2

JUDENPLATZ ★★

Aquí se encuentra el gueto judío. Hoy comparten este espacio de Judenplatz una **estatua de Lessing** y el **memorial de las víctimas de la Schoa** *("Exterminio Judío"),* inaugurado en 2000. Es un cubo de hormigón armado, obra de la escultora inglesa Rachel Whiteread, que representa los lomos de los 7.000 libros de una biblioteca con las puertas cerradas. En el zócalo están los nombres de los campos de exterminio hitlerianos en que perecieron 65.000 judíos austríacos.

En una casa de detrás, **Misrachi Haus,** hay otra dependencia del Museo Judío, en la que se muestran hallazgos arqueológicos y se documenta la historia de la judería vienesa.

Schwedenplatz
Tranvías 1, 2
  Museos cercanos

Puppen-un Spielzeugmuseum Museo de Juguetes
Schulhof 4
Mar-Vie, 16-18 h, sab-dom 14-18 h

Uhrenmuseum Schulhof Museo de Relojes
Mar-dom, 10-18 h

Jüdisches Museum
Judenplatz 8
Dom-Vie, 10-18 h

JÜDISCHES MUSEUM ★★

El **Museo Judío** está repartido por el casco antiguo en dos dependencias (en Judenplatz 8 y en Dorotheergasse 11). En este palacio de Dorotheergasse vivía el banquero B. Eskeles y fue adaptado para museo por la firma de arquitectos Eichinger oder Knechtl.

Reúne la colección de objetos litúrgicos de Max Bergers, la colección antisemita de Martin Schlaffs y objetos del antiguo museo judío de 1872. El museo también programa exposiciones temporales.

Dorotheergasse 11
Dom-vie 10-18 h
Stephansplatz
www.jmw.at

KAISERGRUFT ★★★

Cuando los frailes católicos de Praga tuvieron que huir por el levantamiento de los protestantes checos (defenestración de Praga, 1618), buscaron refugio en Viena. Matías I encomendó a los Capuchinos la custodia de esta iglesia y cripta imperial. En sus diez salas yacen embalsamados 12 emperadores, 17 emperatrices y 100 miembros de la familia. Los **sarcófagos**, obra de los mejores escultores aus-

Neuer Markt
Stephansplatz
www.kaisergruft.at

▲ El museo Judío junto a la estatua de Lessing.

Karlsplatz y Naschmarkt

Salida
Pabellón Stadtbahnpavillon

Llegada
Academia de Bellas Artes / Schillerplatz

Duración
4 horas

Comida
Cafe Museum, quioscos del Naschmarkt

▌ En la gran plaza-parque de Karlsplatz hay varias terrazas y cafés para descansar.

Los turistas suelen meter sus maltratados pies en el **estanque** que hay ante la iglesia, en una explanada que suele estar animada por exposiciones o eventos. Desde la cúpula de la iglesia se tiene una magnífica perspectiva de la ciudad.

▌ Saliendo de la plaza por el lateral de la Universidad Técnica se llega al templete de la **Secesión** (▶75) y, desde allí, a lo largo del curso del río Wien, se extiende el mercado de *delicatessen* **Naschmarkt**.

Hay que curiosear por sus cuidados quioscos, sentarse en una terraza a tomar algo y dejarse tentar por las frutas, conservas, embutidos y productos exóticos. No faltan, en la otra acera, cafés y restaurantes.

▌ El Naschmarkt se extiende hasta la estación de metro **Kettenbrückengasse**, también obra de Otto Wagner. Merecen atención las fachadas de las casas n.º 38 y 40.

Cerca, en Kettenbrückengasse 6, segundo piso, está **la vivienda en que murió Schubert**, a los 31 años de edad (▶29). Era la casa de su hermano mayor y en ella pasó el músico los dos últimos meses de vida, aquejado de fiebres tifoideas acentuadas por la sífilis. En la casa se expone mobiliario, retratos, fotos y partituras.

▌ De regreso hacia Karlsplatz se puede pasar por el **Café Museum,** un café estudiantil, obra del arquitecto Adolf Loos. Al lado del Café Museum queda el edificio de la **Academia de Bellas Artes,** con su colección de pintura.

▶ Estación de metro Karlsplatz, obra de Otto Wagner.

tríacos, se hicieron primero de zinc y a partir del siglo XVIII de cobre, porque se descubrió que el zinc criaba un hongo caro de tratar.

Son curiosos el gigantesco **túmulo** doble de **María Teresa y su esposo,** fundidos por Baltasar Moll (1753), que retrata a la pareja acostada en el tálamo. Delante está el sepulcro de su hijo José II.

En la **Cripta Nueva** están el emperador Maximiliano de México y María Luisa, la esposa Habsburgo que eligió Napoleón para teñir de añil su sangre plebeya. Son llamativos los túmulos de Francisco José y Sissi, entre los que reposa su hijo Rodolfo. Junto a ellos, una lápida recuerda al último emperador, Carlos I, muerto en 1919 en su exilio en Madeira. En la sepultura descansa su esposa Zita, fallecida en 1989.

I KARL-MARX-HOF   ★

Enfrente de la estación de metro está el "superbloque" de color ocre y rojo construido en 1929 por Karl Ehn, alumno de Otto Wagner, que es el mejor ejemplo de los 400 edificios de viviendas sociales que en los años de entreguerras se construyeron en la *Viena Roja.*

La fachada de Karl-Marx-Hof tiene 1 km de longitud y en el bloque hay 1.382 viviendas además de espacios comunes: el gran patio, huertos, parques infantiles y guarderías.

Adornan las portadas alegorías de la *Libertad,* la *Ilustración,* la *Seguridad Social* y la *Gimnasia.* En el centro del patio una **escultura,** *el Sembrador* (Otto Hoffner, 1928), simboliza la unión entre los obreros y los campesinos.

En el levantamiento de 1934, las milicias obreras se atrincheraron en el edificio, que fue atacado por el ejército y causó 2.000 víctimas. La plaza de enfrente, 12 de febrero, conmemora la fecha.

✉ Heiligestädter Str. 82-92
🚊 Tranvía D
🚇 Heiligenstadt

I KARLSPLATZ (▶28)

I KRIMINAL MUSEUM   ★★

Los crímenes cometidos en Viena a lo largo de la historia se documentan en este museo: el atentado a Francisco José en 1833, el juez envenenador, el asesino de criadas... y objetos espeluznantes, como la rueda rompehuesos con que se ajusticiaba a los criminales, aparatos y objetos procedentes de un salón sádico del siglo XIX y de un burdel de 1900.

✉ Grosse Sperlgasse 24
🕐 Mier-dom 10-17 h
🌐 www.kriminalmuseum.at

I KUNSTHAUSWIEN
Y HUNDERTWASSERHAUS (▶30)

● 39 (D3)
✉ Karlsplatz 5
⏰ Mar-miér 14-18 h, jue-vier 14-21 h, sáb 11-18 h. Lundom. cerrado
🌐 www.k-haus.at

▎ KÜNSTLERHAUS (K-HAUS) ★★

La Casa de los Artistas, Künstlerhaus, llamada **K-Haus,** fue construida en 1868 por August Weber como sede de la Sociedad de Artistas Plásticos de Austria. Cuenta con una larga tradición de exposiciones que actualmente suelen ser de arquitectura, diseño y moda para atraer al público más joven.

Las 8 estatuas de la entrada representan a Velázquez, Rafael, Leonardo, Miguel Ángel, Durero, Tiziano, Bramante y Rubens.

En el salón de actos hay películas en versión original y se celebran eventos como el gran baile de carnaval (*Gschnasfeste*). En ella se formó el grupo de la Secesión, que en 1900 reaccionó contra la estética del Ring.

¿Sabías que...?

En 1897 un grupo de artistas se salió de la Academia y fundó una cooperativa aparte, *La Secesión Vienesa*. La idea estaba propugnada en Viena por dos personajes bien considerados: Otto Wagner, catedrático de la Academia, y Gustav Klimt. El periódico "Ver Sacrum" (Primavera sagrada), proclamaba la aspiración de los secesionistas a crear un arte sin cortapisas académicas ni económicas. Un año después empezaron las exposiciones en el edificio de Josef Olbrich. La Secesión Vienesa no duró mucho. En 1905 el grupo empezó a colaborar con los Talleres Vieneses.

KUNSTHISTORISCHES MUSEUM ⭐⭐⭐

El Museo de Arte Histórico conserva la colección de arte de los Habsburgo. En la decoración del edificio intervinieron los mejores artistas del imperio: el húngaro Mihály von Munckácksy hizo las pinturas del techo *Apoteosis del Renacimiento;* Hans Mackart, las pinturas de la luneta; los hermanos Gustav y Ernst Klimt, las de las paredes altas y la escalera está adornada con la *Fuente de Teseo,* una soberbia escultura del italiano Antonio Canova.

La colección, iniciada en Praga por el demente Rodolfo II a imitación de los Habsburgo de Madrid, donde él había pasado su juventud, siguió incrementándose bajo Fernando II y el archiduque Leopoldo Guillermo, virrey de los Países Bajos.

🕐 38 (C1)
🚇 Maria-Thresien-Platz
🕐 Mar-dom 10-18 h, jue 10-21 h
🚋 Tranvías: 1, 2, D, J
Bus: 57A
🚇 Volkstheater
🌐 www.khm.at

◀ Kunsthistorisches Museum con la Fuente de Teseo.

LO QUE HAY QUE SABER

Si no tiene mucho tiempo o si desea tener una imagen real del país, he aquí algunas sugerencias.

10 formas de parecer vienés

✓ **Sea usted lo más fino que pueda.**

✓ **No escatime ni se pase con la propina,** pero no la olvide: procure aproximarse al 10 por ciento.

✓ Si ya no es usted tan joven, **vístase correctamente** para salir por la noche.

✓ **Disfrute del vino** y del ambiente de los Heurigen.

✓ **No tenga reparo** en usar fórmulas de cortesía.

✓ **En los cafés, no pida "un café",** sino una de sus variedades.

✓ **Lea la prensa** en un café.

✓ **Dése una vuelta en fiacre** procurando tener un porte imperial.

✓ **Asista a un concierto.**

✓ **No bese la mano a las señoras,** acerque solo el rostro a los nudillos.

10 sitios para comer

✓ **Amerlingbeisl (E)** Stiftgasse 8 (Spittelberg); www.amerlingbeisl.at. Ambiente estudiantil, con terraza en la calle y patio con hiedra.

✓ **Gasthaus Wickerl (E)** Porzellangasse 24a; www.wickerl.at; lun-vie 9-14 h, sáb 10-24 h, dom 17-24 h. *Beisl* con música ocasional y *Shanigarten*.

✓ **Griechenbeisl (M)** Fleischmarkt 11; www.griechenbeisl.at; 11-01 h. El *Beisl* más antiguo de Viena, con clientela histórica, "bolas turcas" y licor de Wachau en el menú.

✓ **Grünauer (E)** Hermanng. 32; telf. 526 40 80; http://grunauerkc.com. Cocina vienesa tradicional. *Garniertes Sauerkraut.*

✓ **Reinthaler (E)** Gluckgasse 5; telf. 512 33 66; Lun-Vie 9-23 h. En el centro, *shanigarten* emparrado y agradable, buenos desayunos.

✓ **Rudi's Beisl (M)** Wiedner Hauptstrasse 88; telf. 544 51 02; www.rudisbeisl.at. Pequeño *beisl* decorado en azul, con buena ternera, mejores postres y *shanigarten*.

✓ **Restaurant Sperl (M)** Karolinengasse 13; telf. 504 73 34; www.restaurant-sperl.at. Especializado en pescados de agua dulce.

✓ **Ubl (M)** Preßgasse 26; telf. 587 64 37; 12-14 h, 18-24 h. Ofrecen una cocina vienesa en un decorado típico y un *shanigarten*.

✓ **Zum Alten Heller (M)** Ungargasse 34; telf. 712 64 52; Mar-Sáb 11-23 h. Cuidada cocina típica, vinos del país.

✓ **Zur Glodenen Glocke (E).** Schönbrunner Str. 8 (hace esquina con Kettenbrückeng. 9); telf. 587 57 67; 11-14.30 h y 17.30-24 h. Cocina típica con buenos platos típicos de cada estación.

10 cafés vieneses

✓ **Café Bräunerhof** Stallburggasse. 2; telf. 512 38 93; www.braeunerhof.at. Tradición literaria avalada en la carta. Los fines de semana hay música de cámara.

✓ **Café Central** Herrengasse 14; telf. 533 37 64 26; Lun-Sáb 8-22 h. El más importante de la Viena de 1900, presume

de esplendor renovado. Música de piano o de cuerda por la tarde.

✓ **Café Griensteidl**
Michaelerplatz 2; telf. 535 26 92; www.cafegriensteidl.at. Frente a la entrada del Hofburg, puertas giratorias y originales de Klimt en su interior.

✓ **Café Hawelka**
Dorotheergasse 6; www.hawelka.at. Uno de los legendarios, cutre-literario hasta la médula. Son famosos los "Buchteln".

✓ **Cafe Sperl**
Gumpendorfer Str. 73; www.cafesperl.at. Ambiente original. Terraza en la calle.

✓ **Operncafé**
Riemergasse 9; www.operncafe.at. Postales y pósteres de divas/os del bel canto en las paredes y ópera ambiental.

✓ **Kurcafé Oberlaa**
Neuer Markt 16; telf. 532 06 21; www.oberlaa-wien.at. Famoso por sus pasteles, sirve canapés, ensaladas y *strudel* picante.

✓ **Café Eiles**
Josefstädter 2; telf. 405 34 10; Lun-Vie 7-22 h, Sáb, Dom 8-22 h. Tradicional café cerca del Ayuntamiento.

✓ **Café Museum**
Operngasse 7; telf. 586 52 02. Café de estudiantes diseñado por Loos, con buena cocina sencilla.

✓ **Landtmann**
Dr. Karl-Lueger-Ring 4; telf. 24 10 00; www.landtmann.at. Viejo café del Ring con clientela de políticos y artistas.

| 10 miradores panorámicos

✓ **La torre de la Catedral**
✓ Desde el selecto restaurante **Dom & CO,** Haas Haus, Stephanplatz 12; www.docohotel.com; 12-15 h y 18-24 h. Las vistas son lo mejor del menú.

✓ Café del último piso de los **Almacenes Gerngross,** Mariahilfstr. 48.

✓ **Palacio Belvedere de Arriba,** desde cuya terraza se tiene la vista pintada por Canaletto.

✓ **Parque de Schönbrunn,** desde la glorieta.

✓ La **noria gigante del Prater,** Riesenrad im Prater.

✓ **Kahlenberg,** desde el calvero de 484 m de altitud tiene, buena panorámica de la ciudad. Hay una torre de televisión y un observatorio, 9-18 h. Metro Heiligenstadt, Bus 38.

✓ Desde la terraza del Heuriger **Sirbu,** en **Grinzing** (▶31, Diez lugares inolvidables).

✓ **Restaurant Panorama en Donauturm,** Donauturmstrasse 4; telf. 263 35 72, 10-24 h. Metro: VIC / Kaisermühlen y Bus 20B (parada Donauturm).

✓ **DC Tower 1.** El último estreno en la Donau City, que es una obra de Dominique Perrault, es un imponente rascacielos de 220 m de altura que culmina con un restaurante y un bar panorámico. El hotel Meliá DC Tower ocupa las primeras quince plantas. La **DC Tower 2** está en proyecto.

▼ Entrada al Leopold
Museum. Fachada al lado.

La **colección egipcia** está instalada en salas que están decoradas con murales egipcios y columnas de Luxor.

La **colección antigua** cuenta con la *Gemma Augustea* de Rodolfo II y la *Cámara de las Maravillas,* el famoso **salero de Cellini,** una de las obras cumbre del barroco, a pesar de su pequeñez.

Lo principal del museo es la **pinacoteca,** en la que se puede reconocer el gusto de los Habsburgo por las obras de Brueghel y Durero, Rubens y Holbein; existen también obras de maestros italianos (Rafael, Giorgione y Tiziano) y no faltan contribuciones de la rama española de la familia (Velázquez, Coello).

❚ LEOPOLD MUSEUM (▶26-27)

❚ LIECHTENSTEIN MUSEUM ★★

En el Palacio Liechtenstein, construido entre 1690 y 1712, convenientemente restaurado y convertido en museo, se expone, en el piso bajo, la biblioteca de 100.000 volúmenes y curiosas puertas camufladas de falsas estanterías.

En el piso alto, la **Sala de Hércules,** utilizada como comedor de gala, con frescos en el techo del romano Andrea Pozzo (1704) que representan los *Trabajos de Hércules* supervisados por los dio-

🕐 38 (B1)
✉ Fürstengasse 1
🚇 Rossauer Lände
🚌 Bus 40 A (Bauernfeldplatz),
   Tranvía: D
📱 www.palaisliechtenstein.
   com
🕐 Visitas guiadas vier 15-16 h

ses del Olimpo. La colección principal comprende pinturas de Rubens, Rafael, Cranach, Franz Hals, Rembrandt... y esculturas de Sansovino, Mantegna, Gianbologna, Adrian de Vries...

I LIPIZZANER MUSEUM ✳

Instalado desde el año 1997 en la antigua farmacia de la corte, el museo documenta la curiosa **historia** de los caballos de raza lipizzana mediante cuadros, grabados, fotografías, uniformes, arreos y proyecciones de películas. En dos monitores se pueden observar los famosos caballos, descendientes de los españoles caballos "jerezanos", en sus cuadras.

Siendo todavía príncipe Maximiliano II, durante su estancia en España, hacia 1550, le gustaron tanto los caballos andaluces que se llevó consigo a Austria 9 caballos y 24 yeguas para criarlos en unas cuadras que se montaron en 1580 bajo la dirección de su hermano, el archiduque Carlos II. Una de ellas estaba en Kladrub (Bohemia) y la otra en Lipizza (Eslovenia).

Poco después se fundó la Escuela de Equitación Española de Viena, donde los lipizzanos eran amaestrados para ser exhibidos en la capital. Tras la caída de la monarquía, en 1919, la yeguada de Lipizza fue trasladada a las cuadras de Piber.

Lipizzaner Museum
- 38 (B2)
- Stallburg/Hofburg Reitschulgasse 2
- Diario, de 9 a 18 h
- Combinado con una visita a la Escuela Española de Equitación

¿Sabías que...?

Las características raciales marcadas por la Federación Internacional Lipizzana (LIF) son: tipo cerrado, pecho ancho y espalda musculosa. Cabeza grande, orejas pequeñas, cuello equilibrado, con fuerte entronque. Sus movimientos han de ser enérgicos. Su altura de hombros, entre 1,55 y 1,58 m. Los potros nacen negros y hasta los cuatro años no adquieren su pelaje blanco. Son trasladados de Piber a Viena para su adiestramiento en la Escuela de Equitación.

En la Segunda Guerra Mundial, la yeguada fue salvada en una curiosa maniobra para la que soldados norteamericanos y alemanes hicieron una tregua y, en secreto, la trasladaron a Wells, en Baviera, donde permaneció hasta el final de la guerra.

En el museo se documenta la historia de la yeguada y hasta se puede ver algún caballo en los establos, a través de una ventana.

I MUSEO DE LA PELÍCULA
DER DRITTE MANN ✱

El mundo de crímenes, espionaje, contrabando e intrigas de la posguerra vienesa, se documentan en el **Museo de El Tercer Hombre.**

El museo organiza *paseos* por los escenarios de la película, un clásico del cine negro de 1947, basado en la novela de Graham Greene (director: Carol Reed; música: Anton Karas; protagonistas: Orson Welles, Joseph Cotten, Allida Valli).

✉ Pressgasse 25
🚇 Kettenbruckengasse
☎ 5 86 48 74
🕐 Sáb, 10-20 h
🌐 www.drittemanntour.at

I MUSEOS MUSICALES MENORES ✱

Además de los grandes hitos musicales de Viena: la Casa de la música, la Casa de Mozart, la Ópera, la Sociedad Musical... hay memoriales en las casas donde habitaron algunos de los músicos que nacieron o buscaron en Viena inspiración para su obra.

Beethoven Wohnung y **Eroicahaus.** La casa en que Beethoven escribió su testamento en 1802. Muy cerca, en Döblinger Hauptstr. 92, está la casa en que compuso la *Sinfonía Heroica* (1803-1804).

Haydnhaus. La casa donde Haydn vivió 16 años, donde compuso su Oratorio *La Creación* y murió. En el tercer piso se recuerda la figura de Brahms.

Schubert Geburtshaus. La casa natal de Schubert. En el n.º 6 de la Schubert-Sterbenzimmer, Kettenbrückengasse, está la casa de Franz Schubert.

Johann Strauss Wohnung. La casa de Strauss (hijo) conserva muebles y documentos.

Arnold Schönberg Center. En la Fundación del creador de la música dodecafónica, se celebran exposiciones y conciertos y hay una buena tienda sobre el tema.

🕐 Mar-dom 10-13 /14-16 h
🌐 www.wienmuseum.at

Beethoven Wohnung
✉ Probusgasse 6

Eroicahaus
✉ Hauptstrasse 92
☎ 505 87 47 (visita concertada)

Haydnhaus
✉ Haydngasse 19

Schubert Geburtshaus
✉ Nussdorfer Str. 54

Johann Strauss Wohnung
✉ Praterstrasse 54
🕐 Mar-dom: 10-13 h /14-18 h

Arnold Schönberg Center
✉ Palais Fanto, Schwarzenbergplatz 6
☎ 712 18 88
🕐 Lun-vie, 10-17 h

I MUSEUM FÜR ANGEWANDTE
KUNST (MAK) ✱✱✱

Construido por Heinrich Ferstel en 1871, el **Museo de Artes Aplicadas,** MAK, fue ampliado por L. Baumann (1909) y muy remozado por Zcech (1993). En la puerta exterior del café está ubicada la *estatua de Minerva* que el italiano Antonio Salviati creó para la Expo de 1873.

🕐 39 (B4)
✉ Stubenring 5
🕐 Mar 10-22 h; miér-dom 10-18 h
🚌 Bus 74A, tranvía 1, 2
🚇 Stuberntor, Landstrasse
🌐 www.mak.at
☕ MAK-Café

▲ Tienda en el interior del museo MAK.

Delante de la librería hay un trozo de fachada suelto. No solo lo es, sino también una escultura del artista James Wines (La puerta al Ring, *Tor zum Ring*).

A imagen del Victoria and Albert Museum de Londres, el edificio integra una **Escuela de Artes y Oficios** que, como las que se fundaron en toda Europa a principios del siglo XX, según el movimiento estético del inglés W. Morris —*Arts and Crafts*— pretende llevar el arte a los utensilios cotidianos, lo que generó la corriente modernista que en Austria se llamó *Jugendstil* o "estilo de la Secesión Vienesa".

El museo presenta mobiliario y objetos producidos desde el siglo XIII a la actualidad. Especial interés tienen las colecciones de *art déco* —dibujos de Klimt— y la sala dedicada al Taller Vienés.

I MUSEUM FÜR VOLKERKUNDE   ******

Las colecciones del **Museo Etnológico** reúnen más de 6.000 objetos de las antiguas culturas: adornos aztecas entre los que figura una llamada "diadema de Moctezuma", vasijas-retratos de la cultura moche del norte de Perú, tablillas parlantes de la isla de Pascua, esculturas africanas de Benín, objetos polinésicos de la expedición de James Cook...

🕐 38 (C-D2)
✉ Heldenplatz (Hofburg)
🕐 Mié-Lun 10-18h

I MUSEUMSQUARTIER (►26-27)

I MUSIKSAMMLUNG   *****

Caprichosos instrumentos musicales fabricados para la casa imperial, como el cémbalo de Leopoldo I, con incrustaciones de concha de tortuga y

🕐 38 (B1)
✉ Palais Mollard-Clary
   Herrengasse 9

marfil; el violín y las 6 trompetas de plata de María Teresa... Objetos curiosos como una mandora o guitarra morisca que no se sabe cómo se tocaba, *schalmeien* (instrumento precursor del oboe) en forma de dragón o una espineta con reloj integrado.

Otros despiertan gran respeto, como el cémbalo de Haydn o los pianos de Beethoven, Clara Schumann, Brahms y Mahler.

❚ MUSIKVEREINSGEBÄUDE ✱✱

El edificio fue construido en 1870 según planos del danés Teophil Hansen para la Sociedad de Amigos de la Música, fundada en 1814. Tiene dos salas de conciertos, biblioteca y un archivo con los legados de Beethoven, Schubert y Brahms.

La sala central, **Goldener Saal,** tiene una acústica legendaria, debida al artesonado de casetones al hueco que hay bajo el parqué y a las cariátides de terracota hueca que sostienen las galerías de columnas.

Este conjunto de oquedades crea una resonancia de 2,05 segundos con la sala llena. Bustos de mármol de compositores famosos y una acertada iluminación logran que la sala esté considerada como una de las más hermosas del mundo. En el escenario caben 500 músicos y en el salón 2.000 personas.

En este edificio tiene su sede la *Wiener Philharmonie* y de las 500 convocatorias de música clásica

- 🕐 39 (D3)
- ✉ Bösendorferstr. 12
- ☎ 505 81 90
- 🖱 www.musikverein.at
  www.a-wgm.com
- 🚇 Karlsplatz
- 🚊 Tranvías 1, 2

◄ Entrada al MuseumQuartier.

que se celebran al año, la más famosa es el tradicional **Concierto de Año Nuevo,** retransmitido por televisión a todo el mundo.

I NASCHMARKT (▶29)

I NATURHISTORISCHES MUSEUM ✶✶

El Museo de Historia Natural reúne las colecciones de Franciso I y de Esteban de Lorena, el consorte de María Teresa.

Abarca cinco departamentos: **Mineralogía** (formaciones de cristales y joyas como el ramo de topacios y diamantes que María Teresa regaló a su marido; piedras lunares traídas por la expedición Apolo 17 en 1972); **Paleontología** (reproducción de un esqueleto de dinosaurio de 27 m de largo); **Prehistoria** (la *Venus de Willendorf,* una estatuilla votiva de fecundidad hallada en el valle del Danubio, con 11 cm de altura y 30.000 años de antigüedad, hallazgos de las culturas de Hallstadt); **Antropología** (20.000 cráneos y esqueletos prehistóricos) y **Zoología** (colecciones de animales disecados).

Cuenta con sala infantil y un **Live-Mikrotheater** que ofrece a horas determinadas aspectos del microcosmos. Los interesados en el tema pueden pasarse el día en él si siguen las explicaciones.

🕐 38 (C1)
✉ 1, Burgring 7 (entrada por Maria-Theresien-Platz)
🕐 Jue-Lun 9-18.30 h Mié hasta las 21 h
🚋 Tranvías 1, 2, D, J,
🚉 Volksteather
🖥 www.nhm-wien.ac.at

❙ ÖSTERREICHISCHE NATIONALBIBLIOTHEK ✱✱

La biblioteca que los Habsburgo empezaron a reunir en el siglo XIV, tuvo su legitimación en 1575 con el nombramiento de un bibliotecario imperial que catalogó los 9.000 volúmenes entonces existentes. Carlos IV encargó la construcción de un edificio para alojarla al arquitecto Fischer von Erlach, que entre 1723-1726, llevó a cabo una vez más sus ideas sobre el espacio cupular, anteriormente ya realizadas en la Karlskirche, pero, esta vez, en colaboración con su hijo Enmanuel.

Hacia el exterior, el edificio está coronado por **estatuas** de la *Cuadriga de Palas Atenea* (Mattielli, 1725), y *Gea y Atlas portando los globos de la Tierra y el Cielo.*

En el interior, el resplandor imperial tiene su sitial en la Sala Suntuosa, **Prunksaal,** una cúpula que se abre a la altura de dos pisos, con columnas corintias, estatuas de emperadores realizadas por los hermanos Strudel hacia 1700, escaleras de caracol y altas galerías con balaustradas en las que brillan los lomos dorados de los 16.000 volúmenes del legado de Eugenio de Saboya.

En el centro de la sala, una gran **estatua** en mármol de Carlos IV, se corresponde con la pintura mural de la cúpula, obra de Daniel Grans (1730), que escenifica una *Apoteosis del Olimpo,* en la que una

alegoría de la Fama presenta a Zeus el retrato del monarca, sostenido por Apolo y Hércules. Las naves están decoradas con los temas de la Guerra y la Paz.

A la caída de la monarquía, en 1918, la biblioteca pasó al estado austriaco y se convirtió en **Biblioteca Nacional**. Hoy día cuenta con más de 2,5 millones de volúmenes. Otros 50.000 manuscritos, autógrafos y legados, de los que 16.000 son medievales: joyas como *Los Dioscuros vieneses,* la *Biblia de San Wenzeslao* (Praga, 1390-1395) y el *Livre du coeur d'amour espris* del rey René d'Anjou (1765).

▲ Detalle de la fuente de Atenea.

I PARLAMENTO   ✳

Enfrente del Parque Popular, **Volksgarten,** está el Parlamento. Construido entre 1873-1883 por el danés Teophil von Hansen, tiene líneas clasicistas griegas para expresar el respeto a la cuna de la democracia, aunque en este caso fuera una democracia imperial.

En las obras se emplearon materiales procedentes de todas las tierras del imperio y 30 años después se puso ante el edificio la **Fuente de Atenea** (Carl Kundmann, 1903), diosa de la sabiduría, con los ríos del imperio a sus pies: el *Inn* y el *Danubio* delante; el *Elba* (silesio) y el *Moldava* (bohemio) detrás. A los pies de la diosa, dos figuras femeninas representan el poder legislativo y el poder ejecutivo.

⏱ 38 (B1)
✉ Dr.-Karl-Renner Ring 3
🚋 Tranvías: 1, 2 D, J
Ⓜ Volkstheater
🚫 Actualmente cerrado al público por restauración
🌐 www.parlament.gv.at

◄ Parlamento de Austria precedido de la fuente de Atenea.

El edificio consta de un cuerpo central en forma de templo griego y dos pabellones laterales (respectivamente dedicados al **Senado** y al **Congreso)**. En la rampa de acceso, personajes antiguos y, en el tímpano, el único motivo contemporáneo: "El Emperador Francisco José concede a los 17 países del imperio la Constitución".

El interior es un bosque de columnas dóricas, jonicas y corintias, frisos y obras de 30 escultores.

▶ La Noria Gigante o Riesenrad. Prater es el parque de atracciones más popular.

▮ PRATER ✶✶

El nombre del mayor parque vienés deriva de El Prado madrileño. Desde la Edad Media era una vega en la que varios monasterios tenían sus tierras de cultivo. En el siglo XVI los Habsburgo lo convirtieron en coto de caza y en 1766 fue abierto al público por José II. En 1873 fue acondicionado para la Exposición Universal.

La **Noria Gigante** (*Riesenrad*, 67 m de altura) fue construida en 1898, con motivo de los 50 años de Francisco José en el trono. Es la única que queda de las tres que construyó el ingeniero inglés Walter Basset: esta, la de Londres y la de París.

Desde que fue escenario de la película *El Tercer Hombre* se convirtió en símbolo de Viena.

El parque tiene en sus 6 km² varias zonas: a la entrada está el **parque de atracciones,** llamado *Wurstelprater* por Hans Wurst, que viene a ser *Don Tancredo* en alemán, y el **Pratermuseum** y un **Planetario** construido en 1927 por la firma Zeiss. Desde el parque de atracciones sale una avenida recta de 4,5 km, **Hauptallee,** que atraviesa el parque de-

jando a la izquierda las instalaciones de la feria y varios estadios deportivos: una pista de carreras al trote (1913), el estadio de fútbol Prater-Wien (1931, 90.000 espectadores), pistas de ciclismo (1931), y piscinas (1931, 1959).

Un trecho de la misma, desde Wurstelprater hasta el estadio de fútbol, puede hacerse en el trenecillo **Liliputbahn,** tirado por una locomotora diesel de 1928. La avenida acaba en otra rotonda en cuyo centro se levanta la **Lusthaus,** un pabellón octogonal de dos pisos construido en 1783 por Isidor Canevale. A 1 km más abajo se ve el **hipódromo** de Freudenau. La atracción más novedosa es el **Prater Turm.**

Tranvías 0, 5, 21
Bus 80
Praterstern
http://prater.at

Planetarium
www.planetarium-wien.at

Noria "Riesenrad"
Dar una vuelta dura 10 minutos.

En el Prater
Altes Jägerhaus
728 95 77
www.altes-jaegerhaus.com.

Al final del Prater
Lusthaus
Freudenau 254,
728 95 65
www.lusthaus-wien.at

Antiguo pabellón imperial al final del Prater.
Schweizerhaus
Prater 116,
www.schweizerhaus.at

A las puertas del Prater
Café Restaurant Heine
Heinestr. 39
214 51 58
Gasthaus Hansy
Praterstr. 67
www.hansy-braeu.at

Alquiler de bicis, rikschas, tandems...
Junto al trenecillo de atracciones Hochschaubahn
Prater 113

GASTRONOMÍA

La tradición imperial está presente también en la cocina austriaca. Los platos que le gustaban al emperador y la cocina de los países del imperio austrohúngaro, sobre todo bohemia, figuran en el menú de muchos restaurantes vieneses.

▎ Una cocina imperial

Asados, guisos fuertes de ternera o gamo, y sobre todo, dulces, como los *Mehlspeisen,* a base de harina y huevo, con mucha variedad: crêpes que conservan el nombre checo, *Palatschinken. Marillenknödel* (bolas de masa rellenas de albaricoque), *Germknödl* (bolas de masa de levadura) o *Zwetschkenknödl* (rellenos de ciruela).

No faltan especialidades regionales como los *Salzburger Nockerln,* unos "montes" a base de clara de huevo y azúcar, o los *Buchteln,* unos brioches de vainilla típicos de Viena por los que se puede adivinar en los cafés quién es vienés y quién turista. El más vienés de todos es el *Kaiserschmarrn,* un revuelto de harina y huevo con pasas y azúcar que le gustaba al emperador *(Kaiser)* Francisco José. Aunque la tarta más famosa es la *Sachertorte,* una tarta de chocolate de la confitería *Sacher.*

Pero en Austria no se come exclusivamente dulce. De primero suele haber sopas: *Frittatensuppe,* un caldo de huesos con trocitos de crêpe; *Leberknödelsuppe,* con una bola de carne o *Griessnockerlsuppe* con bolitas de sémola.

Como plato fuerte se sirven asados de ternera *(Rindsbraten)* o *Gulasch, Rindsrouladen* (carne cortada en lonchas muy finas enrolladas), *Tafelspitz* (ternera guisada) o, cómo no, los incomparables filetes empanados vieneses: *Wiener Schnitzel.* La carne de cerdo se come menos, generalmente

▶ Pastelería vienesa.

con rábano picante: *Krenfleisch*. Muy buena es la carne de gamo y de caza, en variante de ragout: *Hirschragout, Rehpfeffer,* o en filetes de lomo: *Hasenrücken, Rehrücken*. Pescado hay poco y si lo hay es de lago: truchas *(Forellen)*, siluro *(Wels, Waller)* o lucio *(Hecht)*.

Apfelstrudel y Wiener Schnitzel

Quizás sean estos los dos platos más universales de la cocina austriaca y, como suele ocurrir siempre, cada cocinero se precia de hacerlos mejor que nadie.

Un *Wiener Schnitzel* no es un simple filete rebozado. Para que haga honor a su nombre, la carne debe ser de ternera, lo cual redunda en el precio. En muchos restaurantes se sirve *Wiener Schnitzel* de porcino. El filete ha de estar cortado al biés de la dirección de la fibra, extendido con suaves golpes para que el mazo no la hiera ni la perfore y, aunque hay filetes que desbordan el plato, muchos sostienen que la superficie máxima no ha de superar los 60 cm^2 (lados de 10 cm x 6 cm). El rebozado ha de ser firme, de harina y huevo y, para dorarlo, la sartén ha de tener suficiente manteca de cerdo.

▲ Wiener Schnitzel y Apfelstrudel, dos estrellas de la gastronomía vienesa.

Antes de servirlos hay que secar la grasa y solo entonces resulta auténtico: dorado, con la superficie arrugada, seco pero caliente y tierno por dentro. Se suele servir acompañado de ensalada de patatas: *Erdapfel-Vogerl-Salat.*

Otro tanto ocurre con el *Apfelstrudel*. Un *Strudel* es un hojaldre enrollado y horneado que puede encerrar múltiples contenidos, dulces o salados. El *Apfelstrudel* es básicamente de manzana con pasas. El secreto de la masa es que tiene que ser tan delgada que "se pueda leer el periódico a través de ella". Suele servirse con salsa de vainilla y un par de bolas de helado.

Los vinos

Los vinos de las seis denominaciones de origen austriacas tienen larga tradición y son mucho mejores de lo que se piensa. En Wachau, valle del Danubio, y en el vecino Kamptal, hay buenos vinos blancos jóvenes, de uva *Grüner Veltliner,* parecidos al albariño. Hay tintos y blancos variados en la comarca del Weinviertel, al norte de Viena; al sur de Viena (Baden, Gumpoldskirchen) también hay blancos. En Burgenland, sobre todo en Rust y Mörbisch, hay famosos blancos afrutados y tintos ligeros. Y el *Schilcher* del sur de Estiria es un tinto muy seco.

❚ RATHAUS ✳

Al lado del Parlamento empiezan los jardines del Ayuntamiento, con una zona central en la que durante casi todo el año tienen lugar festejos populares con abundancia de quioscos y chiringuitos: festivales de ópera, cine y música en verano, pista de patinaje sobre hielo y mercado de Navidad en invierno, etc.

Adornan el parque **estatuas y fuentes**: el pintor Waldmüller, los músicos, rivales pero amigos, Josef Lanner y Strauss padre; el alcalde Karl Seitz (1923-1934), represaliado por los nazis; el primer alcalde vienés después de la Guerra, Theodor Körner, el canciller de la Primera República Austriaca, Karl Renner y una copia del portaestandarte **Rathausmann** que corona el edificio y que con sus 5,4 m de altura en total, hace que el ayuntamiento sea más alto que la cercana iglesia, Votivkirche.

El edificio cita en su arquitectura a los ayuntamientos de los Países Bajos, un efecto buscado por su arquitecto, el alemán Friedrich von Schmidt (1872-1883), para simbolizar el poder de la burguesía. En el gran patio de arcadas se celebran conciertos y en su sala de festejos, la mayor de Austria, bailes, como el *Concordiaball* de la Asociación de Periodistas. En la parte de atrás, **Schmidthall,** hay una oficina de información turística municipal.

▶ Jardines junto al Parlamento de Viena.

SAMMLUNG ALTER MUSIKINSTRUMENTEN ✳
En la **Colección de Antiguos Instrumentos Musicales,** se pueden ver, entre otros, el violín de María Teresa, el clavicordio de Leopoldo II (ambos de carey y marfil), un arpa con forma de pez herido por un arpón, el cémbalo de Haydn, y los pianos de Beethoven, Clara Schumann, Brahms y Mahler.

38 (B-C2)
Heldenplatz (Hofburg)
Mié-dom 10-18 h
www.khm.at

SCHÖNBRUNN (▶20-21)

SECESSION ✳✳
La Secesión Vienesa fue un movimiento estético promulgado por un grupo de artistas plásticos que se salió de la academia en protesta contra el historicismo que imperaba en sus aulas. Promovido por Gustav Klimt, formaban el grupo Koloman Moser, Josef Hofmann, Otto Wagner y Joseph Maria Olbrich, arquitecto del edificio.

La Secesión, que dio nombre al "Modernismo vienés", tuvo seis años de vida (1897-1903), y se disolvió para formar los "Talleres Vieneses" (Wiener Werkstätten). En la portada del templete hay dos inscripciones latinas: una es el lema del movimiento: "A cada época su arte y al arte su libertad"; la otra es el nombre de la revista que el grupo editó, "Ver Sacrum" (Primavera Sagrada) una metáfora de la salida del grupo de la Academia, pues hace refe-

38 (D2)
Friedrichstr. 12
Tranvías 1, 2, D, J
Karlsplatz
www.secession.at

▲ Templete de la Secesión con la inscripción latina *Ver Sacrum*.

rencia a la costumbre que, en épocas de escasez, tenían los pueblos itálicos prerromanos de expulsar a los jóvenes para que buscaran nuevas tierras y fundaran otra ciudad.

Como el grupo de la Secesión luchaba por una concepción democrática del arte y estaban en contra de mecenas y presiones comerciales, la construcción de este edificio autogestionado era condición indispensable para poner en práctica su ideario.

El ayuntamiento cedió el solar y el edificio lo pagó el industrial Karl Wittgenstein, padre del filósofo. Olbrich construyó el **templete** cubista coronado por una cúpula dorada de 3.000 hojas de laurel y 700 bayas, que la gente llama *goldenes Krauthapperl* (repollo de oro). Para la exposición celebrada en el aniversario de Beethoven, Gustav Klimt pintó el friso del sótano, *Beethovenfries*.

❙ SPANISCHE HOFREITSCHULE ★★

La Escuela Española de Equitación es la única institución del mundo en la que se representa un arte ecuestre con tradición de más de cuatro siglos. Su nombre le viene de los caballos españoles, antecesores de los actuales lipizzanos. La escuela fue fundada en 1572. Carlos IV mandó construir al arquitecto Fischer von Erlach, en 1729-1735, un picadero de invierno, **Winterreitschule**.

La elegante sala blanca, de 57 x 19 m, provista de una galería de 46 columnas para el público, es el escenario de ballet de los caballos imperiales.

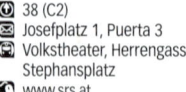

🕐 38 (C2)
✉ Josefplatz 1, Puerta 3
🚇 Volkstheater, Herrengasse, Stephansplatz
🌐 www.srs.at

Las mañanas que hay entrenamiento se concentran grupos bajo el arco de Augustinerstrasse para ver cruzar a los caballos lipizzanos desde sus establos en el Stallburg hasta la Escuela Española de Equitación. Estos ejercicios pueden disfrutarse sin tener que solicitar entrada con tanta antelación como para representaciones de ballet equino, *Vorführungen* o *Privatissimum*.

En ellas, dirigidos por soldados uniformados, la representación empieza con una elegante reverencia de los jinetes al retrato de Carlos IV. Se introducen los distintos pasos y vueltas de alta escuela: *pas de deux,* ejercicios a rienda larga, y los peligrosos saltos de cabriola, que son el final de la férrea coreografía.

I SPITTELBERG ★★

Desde Mariahilfer Strasse, por la bocacalle Stiftgasse se llega muy pronto a las callejas restauradas de Spittelberg: boutiques y tiendas esotéricas, bares y restaurantes las mantienen animadas día y noche. Aún quedan entre sus fachadas *biedermeier* pasadizos o *Pawlatschenhöfe* que comunican entre sí las cuatro callejas paralelas que componen el núcleo.

Amerlinghaus, la casa del pintor Friedrich Amerling (n.º 8), que ha sido convertida en centro cultural con un buen café, **Beisl.**

El **café Lux,** con su magnífico patio cubierto, tiene una buena carta de desayunos.

En Burggasse está el **Volkstheater,** una novedad para los vieneses en 1889, pues era para un público medio y no tenía el oropel de los del centro, más amplio e inclinado el patio de butacas, con menos palcos. Alrededor de la iglesia de **St. Ulrich** hay bares que sacan sus terrazas a una bonita plazuela.

38 (C1)
7, Spittelbergstrasse y alrededores
Volkstheater
Tranvía 49

Amerlinghaus
Stiftgasse 8
www.amerlinghaus.at

▼ Terraza en un típico restaurante de Spittelberg.

UN PASEO A PIE

El Ring

Salida/llegada
Museo de Artes Aplicadas (MAK)

Duración
4 horas

Posibilidades
Los tranvías 1 y 2 recorren el Ring en ambas direcciones.
Puede alquilarse un *fiacre*. En el Ring están los dos nudos principales de intercambiadores urbanos: Schottenplatz y Karlsplatz

Postsparkassenamt
✉ Georg-Koch-Platz 2
🕐 Lun-Vie 10-17 h
☎ www.ottowagner.com

▍ El **Ring,** la gran avenida que rodea el casco antiguo, se construyó en el siglo XIX sobre las obsoletas murallas que ahogaban el centro y que en parte habían sido voladas durante la invasión napoleónica.

Las obras se prolongaron durante casi 50 años (1857-1905) y el resultado fue un imponente bulevar "a gusto del emperador" Francisco José, que personalmente supervisaba las obras.

▍ Con un recorrido de 5 km, el Ring está dividido en seis trechos: parques y ministerios en **Stubenring/ Parkring;** ópera, hoteles y comercios en **Kärntnerring/Opernring;** jardines palaciegos en **Burgring;** instituciones oficiales en **Karl-Renner-Ring/Karl-Lueger-Ring;** bancos en **Schottenring,** y el muelle del canal, **Franz-Josef-Kai,** que cierra el circuito.

Desde el edificio de la **Sociedad Urania** (▶84) se pasa, en el primer tramo, ante el edificio de Gobernación. Enfrente, al otro lado de la plaza Georg Coch, se ve la llamativa fachada de la Caja de Ahorros, **Stadtparkasse,** obra mayor del arquitecto Otto Wagner.

▍ Después viene el **MAK** (▶64) y el **Stadpark** (▶80).

Se puede entrar y dar una vuelta hasta las terrazas del **Kurpavillon,** hacer cola con los japoneses para sacarse una foto ante la **estatua** dorada **de Johann Strauss,** o jugar una partida de ajedrez con los jubilados que hay en varios rincones. Los encontrará fácilmente.

▼ Fuente de Atenea ante el Parlamento.

▍ Schwarzenbergplatz es una plaza con un tráfico caótico. Pero si se entra en ella, es posible acercarse a la **casa museo de Arnold Schönberg** (n.º 6) o tomar un café en el **Palais Schwarzenberg** (n.º 9). Al fondo de la plaza se ve la muralla de agua que oculta el **Monumento al Ejército Soviético de Liberación** (entre 1945 y 1956, la plaza se llamó Stalinplatz).

Entre los hoteles y las galerías del Ring de la Ópera, quizás el de más curiosa historia sea el **Palais Königswarter** (Kärtner Ring 4), que Francisco José regaló a Katharine Schratt, actriz del Burgtheater que la propia Sissi le proporcionó como amante.

▍ En el edificio está instalado el **Centro Von Karajan,** con documentación sobre el director de orquesta y una buena tienda de música clásica. La Plaza de la Ópera se abre a la derecha.

En el siguiente tramo, **Burgring,** la avenida transcurre entre el Hofburg y la Plaza de María Teresa. Se pasa por los parques más bonitos de Viena: el Burggarten y el Volksgarten.

▮ En el Parlamento empieza el Ring de las instituciones: el **Parlamento,** el **Burgtheater,** el **Ayuntamiento Nuevo** y la **Universidad.**

Aquí se puede admirar el patio donde hay bustos de célebres intelectuales que enseñaron en él. Allí uno puede entretenerse buscando los bustos del músico Anton Bruckner, del psiquiatra Sigmund Freud o de los premios nobeles de física Karl Landsteiner y Julius Wagner-Jauregg. Enfrente, una de las 20 casas en las que vivió Beethoven.

▮ En Schottentor (con Karlsplatz uno de los principales intercambiadores de transporte de la ciudad), está el pequeño **parque de Freud** y, un poco al margen, la **Votivskirche,** cuya consagración marcó el final de las obras del Ring con una gran procesión coreografiada por el artista Mackart.

Schotten Ring es la parte menos espectacular. Está flanqueada por cuarteles y edificios oficiales (La Bolsa) y desemboca en el muelle del canal Franz-Josefs-Kai.

▮ Desde allí salen las excursiones en barco por Viena y a Bratislava. Se pasa ante el **Triángulo de las Bermudas** (zona de bares nocturnos) y se llega al edificio de la Sociedad **Urania,** en Julius-Raab-Platz, punto de partida del paseo.

▲ Fachada del Palais Schwarzenberg.

Casa de Beethoven
- 🕐 38 (A1)
- ✉ Pasqualatihaus, Mölker Bastei 8
- 🕐 Lun-sáb, 10-13 h y 14-18 h

▲ La Ópera Nacional.

▮ STAATSOPER ★★

La **Ópera Nacional** (August Sicard von Sicardsburg y Eduard van der Null, 1863) fue el primer edificio que se construyó en el Ring. Se empezó antes de acabar de derribar las murallas, con las zanjas abiertas y los alrededores en obras. La prensa empezó a hablar de un "elefante empachado" y cosas por el estilo. La Ópera se inauguró al año siguiente con el *Don Giovanni,* de Mozart.

Tiene un aforo para 2.000 personas y está considerado uno de los mejores teatros del mundo, con un público de los más exigentes. En la historia musical del edificio resuenan ecos de los pitidos a Richard Strauss, de los aplausos a Böhm y la ironía de von Karajan, que no quería "codirigir la orquesta con otros dos mil directores".

Entre todas sus convocatorias, la más sonada es el **baile de debutantes** que se celebra todos los años en carnaval, un acontecimiento en el que el ayuntamiento ingresa en sus arcas casi medio millón de euros limpio.

▮ STADTPARK ★★

Por la canalización del río se accede a las alcantarillas donde se rodó la película *El Tercer Hombre.*

En 1862 los paisajistas Josef Seleny y Rudolf Sieböck empezaron a construir este parque en la desembocadura del río Wien en el Danubio. La canalización del río y la construcción del ferrocarril suburbano, para el cual Otto Wagner quería aprovechar el lecho del río, fue un problema que no se resolvió hasta 1906 por obra de Josef Hackhofer.

Mientras tanto, en el parque se había construido un pabellón de conciertos al estilo de los balnearios, **Kursalon** (Hans Gasser, 1865) y numerosos vieneses célebres tenían su **estatua** en él: Lehar, Schindler, Bruckner, Schubert, Makart, Amerling, Stolz, etc.

Frente a la entrada del parque por Parkring está la dedicada a Johann Strauss hijo (E. Hellmer, 1923); ante ella hacen colas los japoneses para sacarse fotos, a pesar de que tienen una copia en Osaka.

I STEPHANSDOM (▶32)

I TECHNISCHES MUSEUM ✶✶
El **Museo Técnico de Viena** (Hans Schneider, 1913), muestra en sus 22.000 m^2 una exposición permanente de historia de la técnica: en el sótano se recrea una explotación minera, en el pabellón central, una gran máquina de vapor y el primer motor Diesel de Austria (1899); el pabellón del Este está dedicado a la Energía: una central eléctrica, la fabricación del acero y prensas de vapor; en el primer piso, Astronomía y microscopía electrónica; en la sección de música, instrumentos históricos y en el segundo piso "Información y Comunicación", así como aspectos cotidianos de la técnica.

I THEATERMUSEUM ✶✶
Cuando tras el cerco de los turcos de 1683, volvió a reinar la tranquilidad en Viena, los nobles se construyeron nuevos palacios cerca del Hofburg. En 1685 el italiano Pietro Tencalas empezó el de la familia bohemio-española Lobkowitz (Manrique de Lara era el apellido materno) y lo concluyó en 1710 Fischer von Erlach.

Cafe Landtmann
www.landtmann.at

Fuera de plano, 38 (D1)
Mariahilferstrasse 212
Lun-vie 9-18 h, sáb-dom 10-18 h
Tranvía 52, 58
www.technischesmuseum.at

Lobkowitzplatz 2
Stephansplatz
Mie-lun, 10-18 h
www.theatermuseum.at

▼ Tranquilo rincón del Stadtpark.

▶ Vista de la ciudad y el Danubio. Bajo estas líneas, la Isla del Danubio, con la nueva DC Towers.

En él está instalado del **Museo del Teatro Austriaco,** que expone desde montajes teatrales hasta autógrafos: maquetas de escenarios, trajes, etc.

Los manuscritos de Stefan Zweig, legados por el escritor cuando tuvo que exiliarse perseguido por los nazis. En una cercana **dependencia** (Hanuschgasse 3) hay salas dedicadas a Max Reinhardt, Hermann Bahr, Emmerich Kálman.

❙ UNO-CITY/DC TOWERS ✳

Desde el parque de ocio y bares de Copa Cagrana, un puente peatonal atraviesa el río y lleva a la última isla del Danubio, formada entre los brazos de río Neue Donau y Alte Donau. Hasta la década de 1970 la isla estaba ocupada por basureros; actualmente hay en ella complejos de viviendas, oficinas y parques.

La mayor parte de las 100 ha de terreno está repartida entre **UNO-City,** el **Donaupark** y las **DC Towers.** Desde la admisión de Viena en la Conferencia Internacional de las Naciones Unidas se celebraban regularmente conferencias en la ciudad. Para que tuvieran un marco adecuado se construyó en los años 70 el "Vienna International Centre", más

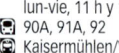

- ✉ Wagramer Str. 5
- 🕐 Visitas guiadas lun-vie, 11 h y 14 h
- 🚌 90A, 91A, 92
- 🚇 Kaisermühlen/Vienna International Centre
- 🌐 www.unis.unvienna.org

¿Sabías que... ?

La palabra Flak es acróstico de "FlugzeugAbwehrKanone": artillería antiaérea. En 1942-44 el arquitecto Friedrich Tamms construyó en Viena cuatro Flak-Türme, las torres-búnker: tienen su propio pozo de agua potable, su propia dinamo de energía, un filtro antigases, enfermería y podían dar refugio hasta un total de 30.000 personas. Al acabar la guerra se intentó volarlas, pero como fue imposible deshacer sus muros de hormigón de 5 m de espesor, quedaron convertidas en monumento antibelicista.

conocido como UNO-City. No sin cierta polémica, se llevó a cabo el proyecto de un arquitecto de Graz, Johann Staber.

Se acabó en 1979 y fue alquilado a la ONU al precio de 1 Schilling anual. Como no tenía salas de conferencias adecuadas tuvo que añadirse el **pabellón del Konferenzzentrum.**

En los edificios de la Ciudad de la ONU, se alojan la **UNIDO** (Organización de Desarrollo Industrial), la **AIEO** (Organización Internacional de Energía Atómica), asociaciones de derechos humanos, antidroga.

En 1995 se proyectó una EXPO para Viena que reflejara la nueva Europa tras la apertura del telón de acero, pero cuando el proyecto estaba en marcha, los vieneses dieron su voto negativo en un referéndum. Aun así, se construyeron los edificios proyectados: la **Torre Andrómeda** (Wilhelm Holzbauer 1998), un edificio de planta elíptica y 113 m de altura, cuya forma hace juego con la parte cóncava de UNO-City.

La torre está ocupada por bancos y la embajada japonesa. En los terrenos donde iba a celebrarse la Expo se construyó el parque de viviendas **Wohnpark Donau-City.**

► Vista de Urania.

El Parque Donaupark, marcado por la alta **Torre del Danubio** de 252 m de altura y con dos restaurantes giratorios en la parte alta, cuenta con un pequeño zoo, un trenecillo que lo rodea, campos de tenis y un terreno deportivo en el Prado del Papa, *Papstwiese,* donde Juan Pablo II dijo misa en una visita a Viena.

En la parte noreste de la isla, en Hubertusdamm, se construyó en 1979 a instancias del gobierno de Arabia Saudí un **Centro Cultural Musulmán** con mezquita pública cuyo minarete tiene 20 m de altura. El último rascacielos en ser inaugurado (el más alto de la capital) fue una de las dos torres diseñada por Dominique Perrault, la **DC Tower 1.**

❙ URANIA (SOCIEDAD CULTURAL) ✱

La sociedad cultural Urania, que lleva el nombre de la musa de la astrología, fue fundada en Berlín en 1888 por el astrónomo Wilhelm Meyer con la finalidad de acercar grandes temas culturales al público no científico. Se mantiene con las cuotas de sus miembros y organiza conferencias multidisciplinares (medicina, filosofía, ciencia...).

El edificio fue construido por un alumno de Otto Wagner (Max Fabiani, 1910), además de salas de

● ● ● ● ● ● ● ● ●

🕐 39 (A4)
✉ Uraniastr. 1
🚇 Schewedenplatz
🚋 Tranvías 1, 2

Observatorio Astronómico
 www.planetarium-wien.at

conferencias, cine y bar, tiene un pequeño **observatorio astronómico.**

Desde la terraza del bar hay una de las mejores vistas de Viena al trasiego de barcos del canal y, por las noches, a la iluminación cambiante del edificio de seguros de **Uniqua Tower** (Neumann & Partner, 2004), situado en la otra orilla.

Cerca de Urania, al otro lado del puente, se ha instalado un **barco-piscina** (www.badeschiff.at) que puede saciar las apetencias veraniegas de un buen baño en agua limpia, que no es la del canal. El barco tiene bar y solarium y está abierto hasta las dos de la mañana en verano. En invierno una sauna.

I VOTIVKIRCHE ✱

El 13 de febrero de 1853, salió el joven emperador Francisco José del Hofburg con su ayudante Max O'Donnell a dar una vuelta por las murallas. En la Puerta de Carintia se asomó a las almenas para mirar a los soldados hacer la instrucción y súbitamente, un individuo le asestó dos cuchilladas en el cuello.

El magnicida era un sastre húngaro que fue reducido por O'Donnel y por un forzudo carnicero. Las heridas imperiales curaron pronto. Como con-

🕐 38 (A1)
✉ 9 Rooseveltplatz
🚋 Tranvías: 1, 2, 37, 38, 40, 41, 42, 44, D
🚇 Schttentor
🌐 www.votivkirche.at

suelo, el papa le regaló un diente de San Pedro y su hermano Max, que después sería emperador de México, inició una suscripción popular para levantar esta iglesia cerca del lugar del atentado. Las torres acabó pagándolas el ayuntamiento.

El templo fue construido en estilo neogótico por Heinrich von Ferstel, un arquitecto que había trabajado en la terminación de la Catedral de Colonia. Las obras duraron 40 años y quedaron marcadas por dos festejos que convirtieron la iglesia en "símbolo del poder del sable y de la religión": en 1855 se puso la primera piedra, traída del Monte de los Olivos de Jerusalén y el sermón del Obispo fue un alegato contra la revolución de 1848.

Fue inaugurada en 1879, con motivo de las bodas de plata de Francisco José y Sissi, se hizo una gran procesión coreografiada por el pintor Hans Makart en la que participaron 10.000 súbditos vestidos con trajes regionales e históricos de todo el imperio.

En el interior hay un colosal fresco de Gustavo Doré (1883): *Cristo saliendo del palacio de Pilatos.*

I WAFFENSAMMLUNG ✳

La Colección de Armas del Hofburg es la mayor de Europa y documenta cuatro siglos de historia bélica, centrándose en la época renacentista: armaduras, sillas de montar, armas de fuego y de desfile de los monarcas austriacos, desde Maximiliano I hasta Carlos VI; del francés Francisco I, del español Felipe II, del vencedor de Lepanto, Don Juan de Austria... la maza de bronce finamente labrada de Maximiliano I, el elegante escudo de oro de Fernando del Tirol, pistolas y fusiles de caza que pertenecieron a Francisco José...

I ZENTRALFRIEDHOF
(CEMENTERIO CENTRAL) ✳

Al sur de Viena, entre el Donaukanal, la autopista de circunvalación y las vías del tren, está el distrito industrial Simmering. En 1896 se construyeron allí cuatro contenedores de gas, **Gasometer,** que estuvieron activos un siglo, hasta que los precios del gas ruso empezaron a ser sensiblemente más bajos que los del gas ciudad y se desmantelaron.

Los Gasometer tienen su propia arquitectura. Son grandes cilindros de ladrillo con muchas ventanas, en cuyo interior guardaban depósitos metálicos de gas con sus sistemas de descompresión.

En 1999 el ayuntamiento encargó su reforma a cuatro arquitectos que construyeron viviendas, oficinas, residencias de estudiantes y salas de con-

---

· · · · · · · ·

🚇 38 (B-C2)
✉ He ldenplatz (Hofburg)
🕐 Mier-dom 10-18 h
🖥 www.wienmuseum.at

· · · · · · · · ·

Zentralfriedhof (Puerta 2)
✉ Simmeringer Hauptstr. 343
🕐 Abierto hasta el anochecer en verano
🚇 S7 Zentralfriedhof
🖥 www.friedhoefewien.at

Cementerio de St Marx
✉ Leberstr. 6-8
🕐 6.30 h hasta el atardecer, 20 h en verano
🚋 Tranvía 71 desde Schwarzenbergplatz, parada Zinnberg/Kaiserebersdorfer Str.

Friedhof der Namenlose
✉ Alberner Strasse 54
🕐 Abierto hasta las 18 h
🚇 Desde la estación de metro de Simmering, andando 20 min o bus 76 A

▲ Tumba de Beethoven en el Cementerio Central.

◄ Uno de los edificios del complejo Gasometer.

ciertos. Todos ellos están unidos por el primer piso mediante un centro comercial (cines, discotecas, tiendas, bares...).

Simmering es también un barrio de cementerios: el **Cementerio Central,** el mayor de Viena, es un auténtico parque de 2,5 km² construido en 1874. Entre sus 300.000 tumbas están las de Beethoven, Schubert, Schnitzler, Makart y hasta Curd Jürgens, en la avenida que va desde la puerta 2 a la capilla del alcalde vienés Karl Lueger.

En el **Cementerio de Sant Marx,** de la época Biedermeier, reposan los restos de Mozart, que había sido enterrado en una sencilla fosa comunitaria.

Al otro lado de la calle está situado el edificio expresionista del **Crematorio,** obra de Clemens Holzmeister (1923).

A poca distancia del Cementerio Central se ubica otro camposanto de una extraña melancolía: el **Cementerio de los Sin Nombre** (Friedhof der Namenlose), a orillas del río, junto al puerto Alberner Hafen. Ahí están enterrados 478 cadáveres anónimos de suicidas y ahogados en el Danubio de 1840 a 1940.

¿Sabías que... ?

En los sepelios imperiales, siguiendo las reglas del estricto "protocolo español", el difunto era llevado con gran cortejo hasta la puerta de la Cripta Imperial. El chambelán llamaba y un fraile le preguntaba desde dentro, en latín: "¿A quién traeis?". El chambelán contestaba con la retahíla de los títulos del difunto. "¡No lo conocemos!", le decía el fraile. A la tercera vez, la respuesta del chambelán era: "traemos a un pobre pecador que pide reposo eterno". Entonces el fraile decía: "Lo reconocemos como a un hermano y lo admitimos entre nosotros".

Excursiones desde **Viena**

Wienerwald, los Bosques de Viena, es el cinturón verde que rodea la capital a una distancia de 15 o 20 km, por el oeste del Danubio. Al oeste está el parque de Lainz; hacia el sur, una carretera pasa por pueblos vinateros y llega al balneario de Baden. El Danubio es también una buena vía de excursiones, en barco o por tierra (la autopista A1 va paralela al río). Río arriba, entre los monasterios de Klosterneuburg y Melk, hay pueblos importantes como Tülln o Krems, y en los farallones que encañonan el río en la Wachau, más pueblos vinateros. Hacia el sur queda, a solo 60 km, la capital de Eslovaquia, Bratislava. Son excursiones para hacer en media o una jornada.

En bici por Donaukanal hasta Klosterneuburg

Cierto día que Leopold III Babenberg (1105-1136) estaba con su esposa Agnes en las almenas de su castillo de Leopoldsberg, un golpe de viento se llevó el velo de la reina y Leopoldo, haciendo honor a su fama de beato, prometió construir una iglesia allí donde apareciera. Así surgió la primitiva **iglesia de Klosterneuburg.**

En el siglo XV contaba con la mejor escuela cartográfica de su época.

En 1730 Carlos VI, que se había educado en Madrid, quiso transformarlo en un monasterio-residencia al estilo de El Escorial, pero murió antes de que acabaran las obras y su hija María Teresa prefirió dedicar el dinero al palacio de Schönbrunn. Los arquitectos Jakob Prandtauer, Felice d'Allio y Fischer von Erlach solo terminaron dos de las ocho cúpulas proyectadas.

En uno de los extremos del gran patio está la **basílica de cimientos románicos,** concluida en estilo neogótico en el siglo XIX.

En su interior barroco los techos y la cúpula fueron pintados por Rottmayr. Un claustro gótico comunica la basílica con la capilla mortuoria de San Leopoldo que encierra el gran tesoro de Klosterneuburg, el **altar de Verdun,** una tabla de esmaltes de Lorena que muestra 51 escenas bíblicas. Otras

Punto de partida/llegada
Franz-Josefs-Kai

- Por el Donau-Fahrradweg, 12 km
- Hay trenes desde la estación Franz-Josefs-Bahnhof: el S-Bahn 40 o los que van a Tulln y Krems, que se pueden tomar en las estaciones de metro de Spittelau y Heiligenstadt. En Klosterneuburg hay dos estaciones: en la primera está la Galería Essl, en la segunda el centro urbano y el monasterio.
- Por la carretera B4, hay unos 20 km hasta Klosterneuburg

Klosterneuburg
- Weingut Stift Klosterneuburg, Rathausplatz, 24
- Invierno, 10-16 h; verano 9-18 h
- www.stift-klosterneuburg.at

▼ Monasterio de Klosterneuburg.

dependencias que se visitan son la casa del pozo del claustro, la capilla mortuoria del obispo Wehinger (1440) y el Lapidario instalado en el Refectorio, cuya escultura más famosa es la *Madonna* de Klosterneuburg (1310).

En la parte más nueva se puede admirar la escalera barroca, la sala de mármol y el **Stiftmuseum,** que muestra arte religioso medieval.

Frente al monasterio, en el patio, está la **Capilla de San Sebastián,** con un altar gótico (1439), y en una casa contigua se guarda el "barril mil cubos", **Tausend-Eimer-Fass,** un barril de 1704 que todos los 15 de noviembre, día de San Leopoldo, protagoniza la fiesta del *Fasselrutschens.*

El monasterio domina desde un monte todo el pueblo, lleno de restaurantes, tiendas y locales para turistas. A la altura del convento queda la plaza del Ayuntamiento con casas del siglo XVIII. Allí mismo está el **Museo Municipal** de Klosterneuburg.

No muy lejos del monasterio, en la vega del Danubio, se puede ver el gran edificio-almacén construido en 1999 por el tirolés Heinz Tesar para guardar la **Colección Essl** (An der Donau-Au, 1), una de las mejores colecciones privadas de Europa. Muestra obras posteriores a 1945 y entre sus autores están Arnulf Rainer, Georg Baselitz y Lucio Fontana.

En el piso alto del edificio se puede visitar un buen café. En 2014 el Museo Essl se convirtió en el centro del arte austriaco.

· · · · · · · · ·
Essl Museum
✉ An der Donau-Au 1
🌐 www.essl.museum

▼ Casino de Baden.

UN PASEO EN COCHE

Excursión a los Palacios Hof y Niederweiden

Distancia
60 km

Duración
1 día

Comida
Restaurante Zum weissen Pfau
✉ Granja Manor, Schloss Hof, Österreich
☎ 228 52 00 00
🖥 www. schlossgastronomie.at

Palacio Hof
🕐 dom 10:30 h
1 ene-1 mar, 10-16 h
15 mar-18 nov, 10-18 h
Visita guiada a diario
11-14 h
🖥 www.schlosshof.at

Palacio de Niederweiden
🕐 sáb, dom y festivos 11 h,
14 h y 16 h
15 mar-18 nov, 10-18 h
🖥 www.schlosshof.at

❚ Una agradable excursión en coche al este de Viena consiste en seguir el cauce del Río Danubio para visitar los Palacios de Hof y de Niederweiden, y si hay tiempo continuar hasta Bratislava.

Por la autopista A4 dirección Budapest-Bratislava-Flughafen y siguiendo las indicaciones de Niederweiden, pasaremos por dos pequeños pueblos típicos de la baja Austria, **Schloss Petronell** y **Bad Deutsch-Altenburg.**

❚ La principal atracción de Bad Deutsch-Altenburg es su **fuente**, la más potente en yodo y azufre que existe en Europa.

En las proximidades se encuentra el **parque arqueológico de Carnuntum,** una de las metrópolis más importantes de todo el Imperio Romano. El **anfiteatro** y el **Museo Carnuntium de Bad Deutsch-Altenburg** son otros de los puntos destacados del recinto arqueológico.

❚ Nos desviaremos por la carretera B-49 que atraviesa el Río Danubio. Hasta el **Palacio de Hof** hay 55 km que se pueden hacer en 50 minutos. Para llegar al **Palacio de Niederweiden** hay que ir al norte en Bernstein Str./B-49 hacia L-3014. La distancia entre ambos palacios no dista más de 4 km.

Desde el Palacio de Niederweiden se puede regresar por el mismo camino hacia Viena, o bien, una vez en la B-9, girar a la izquierda y seguir hasta Bratislava. La distancia desde el palacio es de unos 25 km que podemos recorrer en media hora.

❚ En Bratislava podemos visitar los lugares más emblemáticos de la ciudad como el **Castillo de Pressburg,** el casco antiguo, el **Palacio de Primado,** subir a la torre del Ayuntamiento, caminar por las murallas que rodean la ciudad o perderse por las calles Kapitulska, Prepostka, Farska y Navisku.

Es una ciudad bonita de visitar de noche por su iluminación, por lo que otra opción es cenar allí antes de volver a Viena. Entre las dos ciudades hay unos 80 km.

....
Distancia a Baden
30 km

🚗 Coche: Autopista Sur A2 hasta el nudo Vösendorf, y desde allí la autopista de circunvalación A21 hasta la salida a Heili-genkreuz

🚆 Líneas 1 y 2, o con la línea del tren de Baden (Badner Bahn) desde la estación de Ópera.

Info Baden

✉ Leopoldsbad, Brusattiplatz 3

🌐 www.tourismus.baden.at

....
🕐 Visitas guiadas: 10-16 h
🌐 www.stift-heiligenkreuz.org
🍴 Klostergasthof Heiligenkreuz El heuriger de la abadía tiene fama por su vinos y su carne de caza

▌Por los Bosques de Viena

En el antiguo coto de caza imperial muchas familias pasan allí las tardes, sobre todo los fines de semana. Desde la puerta Lainzer Tor hay un paseo de 1 km hasta **Villa Hermes,** un palacete que el emperador Francisco José construyó en 1886 para su esposa Sissi. Fue uno de sus vanos intentos de retener en Viena a la viajera errante (Hermes, el Mercurio griego, era el protector de los viajeros).

Construido por uno de los arquitectos del Ring, Carl von Hasenauer, en su decoración participaron los mejores artistas del imperio: los hermanos Klimt, Matsch, Mackart... En la villa hay una exposición permanente que documenta la vida del matrimonio imperial.

▌BADEN ✴

Baden era el balneario de la corte y de la burguesía vienesa frecuentado también por músicos como Schubert y Beethoven.

La pequeña ciudad (24.000 habitantes) conserva sus villas estilo *biedermeier* y el **Rosarium,** una rosaleda con más de 25.000 rosales que no logran vencer el olor a sulfuro de las fuentes que flota en el aire de la ciudad. En el parque del balneario está ambientada la opereta *El Murciélago* de Strauss (hijo).

▌MONASTERIO DE HEILIGENKREUZ ✴✴

La abadía cisterciense de la Santa Cruz fue fundada en el siglo XII por San Leopoldo III de Babenberg. Su nombre responde a una reliquia de la Cruz traída de Jerusalén que fue enterrada en sus cimientos. El monasterio conserva su tradición medieval de centro cultural y agrícola. En el patio se levanta una **Columna de la Trinidad,** obra del veneciano Giovanni Giuliani. Del mismo escultor son las **estatuas** que hay en el coro de la basílica.

A 4 km de Heiligenkreuz, en lo que fue el palacete de caza de **Mayerling,** tuvo lugar una tragedia que ha sido llevada al cine en diversas ocasiones. En 1889 el heredero del trono, hijo de Francisco José y Sissi, se suicidó a tiro de pistola con su novia Maria Vetsera.

A raíz del suicidio, el emperador ordenó silencio y borró todas las huellas de la tragedia: el palacete quedó convertido en convento de carmelitas. En el lugar se levanta hoy una ermita neogótica. Maria Vestsera está enterrada en el cementerio de Heiligenkreuz. El príncipe Rodolfo, en la Kaiserergruft (▶55).

UN PASEO
EN COCHE

Distancia
60 km

Duración
1 día

Comida
Landgasthof Cholerakapelle
✉ Helenental 40, Baden
☎ 664 511 9559

**Palacetes y jardines
de Laxenburg**
🖱 www.schloss-laxenburg.
at

Gumpoldskirchen
🖱 www.gumpoldskirchen.at

Excursión a Baden por los Bosques de Viena

▪ Al sur del Wienerwald se llega bien desde la autopista A2, en dirección a Graz. A unos 25 km están los **palacetes de Laxenburg.**

En Laxenburg, residencia de verano de la corte, tres palacios y un gran parque atraen a muchos domingueros. En Blauer Hof dio Sissi a luz en 1858 a su hijo Rodolfo, el suicida de Mayerling. En el parque del palacio está el **Altes Schloss**. En el gran estanque de tiempos de Francisco I, un palacete neogótico adorna la isla central.

▪ En el trayecto de Laxenburg a Baden se pasa por pueblecitos rodeados de viñedos que tienen casas típicas y pintorescos rincones. En **Mödling, Gumpoldskirchen, Pfaffsten y Perchtolsdorf,** hay muchos locales *heuriger*. En **Mödling** solían pasar el verano Beethoven, Schönberg y Weber. En **Gumpoldskirchen** hay un museo del vino y lagares y bodegas para visitar. La oficina de turismo da información sobre los *heurigen* de cada temporada.

La carretera llega a **Baden.** Y desde Baden a Heiligenkreuz (20 km) la carretera 210 se encajona en el valle Helenental, excavado por el arroyo Schwechat y atraviesa los paisajes más pintorescos del Wiener Wald, acompañada, al otro lado del río, de un camino peatonal y un reciente carril de bicis que hacen honor a la popular canción "Conozco un caminito en Helenental..."
Dos antiguos castillos en ruinas vigilan desde su altura el valle a la entrada: **Rauheneck** y **Rauhenstein.**

▪ Hacia la mitad del valle hay un restaurante, **Gasthof zur Cholerakapelle,** desde el que arranca una senda que asciende entre peñas y grandes árboles hasta la **Cueva de San Antón** y la **Capilla del Cólera.** Dos santuarios levantados en el siglo XIX para agradecer al cielo el final de la epidemia de 1831.

Desde el restaurante Zur Cholerakapelle, la carretera conduce en 3 km a **Sattelbach,** donde hay que tomar el desvío de la izquierda hacia **Heiligenkreuz.**

▪ Heiligenkreuz se encuentra junto a la autopista A21 que rodea Viena.

▼ Castillo del agua, en Laxenburg.

Excursiones en barco

WACHAU ★★

Entre el monasterio de Melk y Krems, el Danubio excava el estrecho paso de Wachau (35 km), declarado Patrimonio Cultural de la UNESCO.

En la Wachau alterna el paisaje de peñas inaccesibles, habitado desde tiempos prehistóricos y mencionado en el *Cantar de los Nibelungos,* con bosques, monasterios y pueblos desperdigados entre valles en los que se cultiva tabaco, maíz y frutales. Desde los riscos que vigilan el estrecho paso se asoman castillos rodeados de terrazas de viñedos que producen los vinos de la Wachau y los albaricoques que producen el *Marillenlikör.*

Salidas y regreso
Blue Danube
✉ Handelskai 265
☎ 588 80
🖥 www.ddgs-blu-danube.at

🕐 9-16/17 h
☎ 02752/555
🖥 www.stiftmelk.at

▼ Fresco en el Monasterio de Melk.

MONASTERIO DE MELK ★★

Al final de la Wachau, a 80 km de Viena, se eleva el **monasterio** benedictino de **Melk,** construido sobre una peña a 50 m de altura junto al Danubio. Aunque tiene más de 800 años de historia, a principios del siglo XVIII fue reformado en estilo barroco por Jakob Prandtauer. Merecen una visita la **biblioteca,** con 100.000 ejemplares y la **iglesia,** coronada por una cúpula de 64 m de altura. En el monasterio, un **museo** documenta la historia del recinto.

TÜLLN ★

Es una antigua ciudad (15.000 habitantes) que conserva su iglesia gótica con portada románica y un curioso osario poligonal de 11 lados, datado en 1161. En Tülln nació el pintor Egon Schiele (1890-1918). Allí fue encarcelado acusado de pintar pornografía. La cárcel en la que estuvo preso es actualmente un **museo** dedicado a su obra.

KREMS ★★

Krems es una curiosa ciudad (23.000 habitantes) con tres núcleos urbanos: Krems, Stein y un nexo de unión, Und. Durante la época medieval fue residencia de los Babenberger hasta que se trasladaron a Viena.

El nucleo urbano está atravesado por una larga calle, Landstrasse, que atraviesa la plaza, en la que están la iglesia del Hospital, el Ayuntamiento y, detrás, el mercado del grano, Kornmarkt.

El convento de los dominicos alberga un **Museo del Vino.** En la parte alta de la ciudad está el barrio más antiguo de Krems, **Hoher Markt,** alrededor de la Torre de la Pólvora. Fuera del recinto amurallado está el barrio de Und, donde quedan la Oficina de Turismo y la **Casa del Vino de Austria.**

Hydrofoil Viena-Budapest
✉ Muelle del puente
Reichsbrücke, Handelskai 265
☎ 588 80
🖥 www.ddsg-blue-danube.at

▲ Columna de la Trinidad en la plaza de Krems.

Desde Und sale una larga calle que conduce a Stein, el tercer núcleo urbano, donde hay galerías de arte y tiendas de recuerdos y de vinos. Allí se puede visitar el **Museo de la Caricatura** y las exposiciones que organiza la **Kunsthalle**.

❘ DÜRNSTEIN ★★

www.duernstein.at

Vigiladas por el castillo medieval de **Kueringer-burgm,** las iglesias de Dürnstein jalonan la orilla del río: la **iglesia de la Ascensión**, pintada de azul y blanco, obra de Jakob Prandtauer (1721-1725) y la **basílica agustina de Chorherrenstift**, en cuya bodega, **Kellerschlössl,** que tiene más de 800 m de galerías subterráneas, se pueden catar y comprar los vinos de la región.

Desde el centro del pintoresco pueblo se puede subir hasta el castillo (25 minutos) donde se dice que estuvo encerrado en 1193 Ricardo Corazón de León, apresado por Leopoldo V. Ambos se habían enemistado en la tercera Cruzada a Jerusalén y, al regresar a Inglaterra, aunque Ricardo Corazón de León atravesaba Austria disfrazado de mercader, fue reconocido y apresado en Viena.

Leopoldo V prefirió mantener en secreto su prisión, pero, según la leyenda, fue descubierto por el trovador Blondel, al que un día el inglés oyó cantar desde su celda.

📱 Los catamaranes salen a
diario (75 minutos, ida y
vuelta en el día)

✉️ Schwedenplatz, Puerto
Wien City

☎️ 588 80

☎️ 00421 903 610 716
(Eslovaquia)

💻 www.twincityliner.com

🚆 Salen trenes desde
la estación Wien-Süd.
Duración: una hora

🚗 Por la autopista del Este,
A4, a 60 km de distancia.
Hay autobuses que salen de
la estación (Südtiroler Platz)
a las 8 h con vuelta a las
17.30 h o a las 20.30 h

Bratislava
💻 http://visit.bratislava.sk

Castillo y Museo Histórico
💻 www.snm.sk
🍴 Klastorna Vinaren
✉️ Frantiska 2

▼ Castillo de Pressburg
y Catedral de Bratislava.

▍En barco hacia Bratislava

El viaje en barco atraviesa el Parque Nacional de las Vegas del Danubio (Donau-Auen), conocido como "las Selvas de Viena" y llega a la capital eslovaca en poco más de una hora. La capital de la nueva República Eslovaca tiene 450.000 habitantes. Fundada por colonos alemanes con el nombre de Pressburg, quedó bajo dominio húngaro tras la invasión turca de 1536 y hasta 1918 se llamó *Poszony*.

Bratislava es una tranquila ciudad protegida por el **castillo de Pressburg** y que se levanta sobre una gran peña. Actualmente se reconstruyen muchos de los edificios históricos erigidos bajo el dominio húngaro. El barrio judío, alrededor de la Plaza del Pescado, quedó deshabitado en la guerra.

Los principales museos y monumentos se concentran en el **centro histórico**: el Ayuntamiento antiguo, donde se aloja el Museo Municipal, la torre de San Miguel, desde la cual se tiene una buena vista sobre los tejados de la ciudad, la Catedral de San Martín.

Separado del casco antiguo por una autovía infernal que casi cercena la catedral, se eleva el monte sobre el que está construido el castillo, **Hrad.**

Desde los jardines de la cima se ve la magnitud del Puente del Levantamiento Nacional Eslovaco (SNP Most) y los barrios industriales al otro lado del río. En el castillo se aloja el Museo Nacional, en el que se exponen restos arqueológicos de tiempos celtas y romanos.

❙ Al Parque Nacional del lago Neusiedler

El único lago estepario de Europa, Neusiedler See, tiene 320 km^2 y tan escasa profundidad (1,5 m) que todos los años se celebra una carrera "lago a través" andando.

El agua es cálida, de poca transparencia y ligeramente salada. Está rodeado de juncales en los que anidan hasta 300 especies de aves que han logrado salvarse de los complejos hoteleros. El lago, que no tiene desagüe natural, solo recibe las aguas del riachuelo Wulka y de las precipitaciones, pero pierde más con la evaporación.

El litoral sur del lago pertenece a Hungría. La orilla oeste es la más explotada por el turismo, por el litoral se extiende el melancólico paisaje del **Parque Nacional Seewinkel**, una llanura lacustre –45 lagunas– salpicada de pozos artesianos y molinos de viento. La carretera B51 recorre la zona.

Para realizar excursiones el mejor punto de partida es Illmitz, donde hay un centro de documentación: **Nationalparkhaus** (Hauswiese, telf. 021 75/344 20, www.nationalpark-neusiedlersee-seewinkel.at).

En Mönchhof hay un museo etnológico que muestra las formas de vida de la región: (**Dorfmuseum,** Bahngasse 62, www.dorfmuseum.at).

A pocos kilómetros está el palacete de caza de **Halbturm** (www.halbturn.com), edificado por Lukas von Hildebrandt en 1711, que cuenta con un parque barroco y bodega propia.

En el monasterio franciscano de **Frauenkirche** (visita diaria), la iglesia más importante del parque, se celebran romerías populares en agosto.

Rust, a orillas del lago, es el principal pueblo vinatero de la región que compró al emperador Leopoldo I su estatus de "ciudad libre" pagándole 500 l de su mejor vino y 60.000 gulden.

Estas *buschenschänken* pueden reconocerse por los ramos que cuelgan sobre la entrada. En sus tejados anidan multitud de cigüeñas. Desde 1989 tiene una "Academia del vino".

En el cercano pueblo de **Mörbisch,** típico por sus calles con arcadas decoradas de flores, tienen lugar en julio y agosto los festivales del lago, **Seefestspiele,** donde se representan operetas sobre un escenario montado en el agua (se puede consultar el programa en www.seefestspiele-moerbisch.at).

Cómo llegar
En coche, por la A4
🚆 Desde la estación Südbahnhof hay trenes hasta Neusidl

En Rust
🏨 Seehotel Rust
✉ Am Seekanal
☎ 026 8538 10
🌐 www.seehotelrust.at

🏨 Mooslechners Bürgerhaus
✉ Rathausplatz 18
☎ 026 8560 793

En Illmitz
🏨 Weingasthof Rosenhof
✉ Florianigasse 1
☎ 021 7522 32
🏨 Johanneszeche
✉ Florianigasse 10
🌐 www.johannes-zeche.at

Dónde...

Restaurantes y cafés

EN EL CASCO ANTIGUO

Bauernbräu (M)
Un tradicional local de la región de Estiria (sur de Austria) con un moderno interior decorado por el artista Arik Brauer. Cocina regional, biológica y ricos *Schmankerl* caseros.
✉ Gumperndorfer Str. 134-136
☎ 595 38 38

Brezelg'wölb (M)
Pequeño local en una antigua panadería medieval, cocina tradicional con toques regionales *(Tiroler Gröstl, karnockerln…)*.
✉ Ledererhof 9
☎ 533 88 11
🖥 www.brezl.at

Palacio Coburg (C)
En el Palacio Coburg abren sus puertas dos restaurantes: Silvio Nickol (alta cocina) y Clementine.
✉ Coburgbastei 4
☎ 518 18-130
🖥 www.palais-coburg.com

Esterházykeller (E)
Heuriger en un sótano laberíntico, vinos de Burgenland y húngaros, cocina tradicional, Schanigarten y comida en el mostrador.
✉ Haarhof 1/Naglergasse
☎ 533 34 82
🖥 www.esterhazykeller.at

Griechenbeisl (M)
El más antiguo de Viena. En las paredes del cuarto de las firmas dejaron su rúbrica desde Mozart a Gina Lollobrigida.
✉ Fleischmarkt 11
☎ 533 19 77
🖥 www.griechenbeisl.at

Lebenbauer (M)
Restaurante acogedor que ofrece comida muy elaborada con productos frescos

locales. Verduras frescas y comida casera
✉ Teinfaltstrasse 3
☎ 533 55 56
🖥 www.lebenbauer.wien

Inigo (E)
Bonito local jesuítico con digna cocina normal, abundante carta y función resocializadora. Fundado en 1988 por un jesuita, en 1992 lo tomó Cáritas y tiene varios premios (1990-1996). Precios increíbles: dos menús, uno vegetariano, desde 7 €.
✉ Bäckerstr. 18
☎ 512 74 51
🖥 www.inigo.at
🕐 De 09:30 a 23:30. Sábado y domingo cerrado

Schachtelwirt (E)
Abundantes raciones de comida típica austriaca. La carta no es extensa pero los productos son de calidad. El único inconveniente

es que no hay demasiadas mesas para sentarse.
✉ Judengasse 5
☎ 532 07 07
🖥 www.schachtelwirt.at

Hinterholz (M)
El local más antiguo de Viena funciona desde 1435 en un sótano, pero con *schanigarten* arriba.
✉ Rotenturmstrasse 12
☎ 513 92 93
🖥 www.hinterholz.co.at

Melker Stiftskeller (M)
Ambiente monacal en esta gran bodega propiedad del monasterio de Melk. Ofrece una buena selección de vinos de Wachau. La especialidad de la casa es *Stelze* (codillo de cerdo o ternera con *knödl,* rábano picante y ensalada).
✉ Schottengasse 3
☎ 533 55 30
🖥 www.melkerstiftskeller.at

Piaristenkeller (M)

Restaurante de cocina vienesa servida en un ambiente castizo.

✉ Piaristengasse 45

☎ 406 01 93

🖥 www.piaristenkeller.com

Heindl's Schmarren & Palatschinkenkuchl (E)

Cocina vienesa (buen *kaiserschmarrn*) y 111 variedades de *palatschinken* en la carta, picantes y dulces.

✉ Grashofgasse 4

☎ 513 82 18

🖥 www.palatschinkenkuchl. wien

Café Sacher (C)

En esta cafetería se puede probar una de las mejores Tarta Sacher de la ciudad.

✉ Philharmonikerstrasse 4

☎ 514 560

🖥 www.sacher.com

Plachutta (M)

Plachutta es el nombre vienés de ciertos filetes de vacuno *(Tafelspitz)* cortados "como solo saben hacerlo en Viena" y hervidos largamente al vapor de hueso y verduras. Este restaurante tiene fama de servir los mejores, que suelen ir con guarnición de *Apfelkren* (mousse de manzana y rábanos picantes).

✉ Wollzeile 38

☎ 512 15 77

🖥 www.plachutta-wollzeile.at

Vienna Sausage (E)

Local especializado en salchichas. También disponen de opciones vegetarianas y veganas.

✉ Schottenring 1

🖥 www.viennasausage.at

Gasthaus Pfudl (E)

Típico *Beisl* vienés con cocina tradicional, bufé de ensaladas y terraza en verano. Música vienesa y "vino del mes".

✉ Bäckerstr. 22

☎ 512 67 05

🖥 www.gasthauspfudl.com

Trzesniewski (E)

Restaurante atípico especializado en canapés. Los tienen de infinidad de sabores y entran de maravilla acompañados de una copa de vino joven o de una cerveza.

✉ Dorotheergasse 1

☎ 512 32 91

🖥 www.trzesniewski.at

Bettelstudent (M)

Comida tradicional con un toque moderno. Muy recomendable su Wiener Schnitzel.

✉ Johannesgasse 12

☎ 513 20 44

🖥 www.bettelstudent.at

Salzamt (C)

Instalado en los bajos del antiguo ministerio de la sal, se trata de un auténtico local noble ubicado en el vértice del triángulo de

Precios

En Viena hay restaurantes para todos los gustos y bolsillos.

Cada vez es más frecuente que los restaurantes ofrezcan un menú completo a mediodía. Por la noche es conveniente reservar, aunque el restaurante no sea muy elegante.

Los precios aproximados por persona, para una comida de tres platos sin incluir las bebidas son:

E = hasta 25 €

M = entre 25-40 €

C = más de 40 €

las Bermudas. Ambiente años 80 diseñado por el arquitecto Hermann Zcech.

✉ Ruprechtsplatz 1
☎ 533 53 32
🌐 www.salzamt-wien.at

Pürstner (M)

Taberna de comida tradicional. Sirven uno de los mejores escalopes de ternera empanada. Y no hay que olvidar su strudel de manzana.

✉ Riemergasse 10
☎ 512 63 57
🌐 www.puerstner.com

Vinothek W-Einkehr (M)

Restaurante-vinoteca acogedora. Es el lugar perfecto en el que probar buenos embutidos y vinos locales.

✉ Schönlaterngasse, 13
☎ 408 28 54
🌐 www.w-einkehr.at

Wrenkh (M)

Considerado como el mejor restaurante vegetariano de Viena; ambiente elegante debido al diseño de H. Zcech. Ofrece una carta amplia, *brunch* los domingos (11.30-16 h). Especialidad en ensaladas y arroces.

✉ Bauernmarkt 10
☎ 533 15 26
🌐 www.wrenkh-wien.at

Kolar Beisl (E)

Bar especializado en pan de pita al horno. Tiene pantallas grandes para disfrutar de eventos deportivos con una buena cerveza.

✉ Kleeblattgasse 5
☎ 533 52 25
🌐 www.kolar-beisl.at

Zu den drei Husaren (C)

Tradicional cocina con toque sofisticado, puro estilo vienés, valses de ambiente.

✉ Weihburggasse 4
☎ 512 49 63 500
✉ Stephanplatz

Cafés vieneses

Cuando en septiembre de 1683, los turcos llevaban dos meses sitiando Viena, el general encargado de defenderla buscó un emisario para romper el cerco y avisar a las tropas del rey de Polonia que debían estar ya cerca. Se presentó un comerciante nacido en Armenia que hablaba turco. Vestido de turco logró llegar hasta los suyos. Dos días después la ciudad fue liberada y los turcos huyeron. Los hambrientos vieneses se lanzaron sobre los víveres y, en una tienda, encontraron sacos llenos de granos. Creyeron que era pienso de camellos pero era café.

El armenio Kaminsky obtuvo la carga como pago de su acción y abrió el primer café, empezando una tradición que tuvo su época dorada hacia 1900.

En el café vienés hay una estrella indiscutible: el camarero, al que hay que llamar *Herr Ober*. Parece que su misión principal no es servir café, sino anticiparse a los deseos del cliente. Aunque parezca que no mira, un buen *Ober* sabe quién entra y quién sale, y aunque parezca que no escucha, lo controla todo.

Zu den 3 Hacken (M)

Es todo un clásico situado en el centro de la capital. Cocina tradicional, *Shanigarten*.

✉ Singerstr. 28
☎ 512 58 95
🕐 Lunes a sábados 11-23 h
🌐 www.zuden3hacken.at

Apron (C)

Restaurante con estrella Michelín. Tiene una impresionante cocina abierta en la que se elabora un menú creativo con platos exquisitos.

✉ Am Heumarkt 35
☎ 907 47 47
🌐 www.restaurant-apron.at

Zwölf Apostel Keller (E)

Sótano de tres pisos en un edificio del siglo XVII. Siempre lleno, entre su clientela hay predominio de estudiantes y turistas.

✉ Sonnenfelsgasse 3
☎ 512 67 77
🌐 www.zwoelf-apostelkeller.at

ENTRE EL RING Y EL GÜRTEL

Palais Schwarzenberg (C)

Elegancia quintaesenciada en el invernadero del palacio Schwarzenberg, desde el que se pueden admirar unas vistas del parque.

✉ Schwarzenbergplatz 9
☎ 798 45 15

Kolonitz Beisl (E)

Platos caseros a precios irresistibles. Entre semana tienen menú del día.

✉ Bechardgasse 2
☎ 713 81 93
🌐 www.kolonitzbeisl.at

Pramerl and the Wolf (C)

Cocina imaginativa en un ambiente informal. Dispone de una estrella Michelín. Imprescindible tener reserva.

✉ Pramergasse 21
☎ 946 41 39
🌐 www.pramerlandthewolf.com

Café Cuadro (M)

Café-bar ultramoderno, con paredes de cristal iluminado y carta con etno-hamburguesas cuadradas, bocatas y *Strudel* casero. El local también tiene un patio interior donde se puede disfrutar de un buen desayuno.

- ✉ Margaretenstr. 77
- ☎ 544 75 50
- 🖥 www.cuadro.at

Gasthaus Kopp (E)

Comida casera con una extensa carta de bebidas y platos caseros. Ofrecen también un plato para compartir que incluye diferentes tipos de carnes.

- ✉ Engerthstrasse 104
- ☎ 330 43 92
- 🖥 www.gasthaus-kopp.at

Café Sperl (M)

El único café vienés que conserva su interior original, estilo *Jugendstil* sin reformas. Tiene una buena terraza en la plazuela. Este o el café *Hawelka* son imprescindibles para entender el "1-2-3-4" de los cafés vieneses.

- ✉ Gumpendorfer Str. 11
- ☎ 586 41 58
- 🖥 www.cafesperl.at

Rudi's Beisl (M)

Pequeño, con buena fama y con un bonito patio.

- ✉ Wiedner Hauptstr. 88
- ☎ 544 51 02
- 🖥 www.rudisbeisl.at

Schlossquadrat (M)

Constituye uno de los restaurantes del complejo gastronómico de Margareten. *Beisl* tradicional que se puede disfrutar junto a un público variado tirando a elegante. Ofrecen una buena carta de vinos y un buen jardín.

- ✉ Schlossgasse 21
- ☎ 544 07 22
- 🖥 www.schlossquadr.at

Ubl (E)

Está situado muy cerca del Naschmarkt, madera vieja, potente estufa de los años 30, cocina vienesa clásica. En verano tienen una agradable terraza.

- ✉ Pressgasse 26
- ☎ 587 64 37
- ⏰ 12-14 h y 18-24 h. Lunes y martes, cerrado.

Café Wortner (E)

Está algo apartado del circuito turístico, lo mejor del café es, sin duda, el *shanigarten*, que ocupa una plazuela arbolada con Fuente del Ángel incluida. El interior es sencillo y acogedor, en el estilo de los ochenta. La carta es vienesa y tiene como especialidades ensalada de patatas, *wiener Schnitzel, kaiserschmarrn, tafelspitz*), y platos de cocina oriental.

- ✉ Wiedner Hauptstrasse 55
- ☎ 945 86 83
- 🖥 www.wortner.at

POR MARIAHILFER STRASSE

Boheme (M)

Aquí preparan una cocina vienesa tradicional en una bodega con *Schanigarten* en una animada zona peatonal.

- ✉ Spittelberggasse 19
- ☎ 523 31 73
- 🖥 www.boheme.at

Café Ritter (M)

Situado en un café tranquilo y con una buena atmósfera. Aquí se puede echar un vistazo a la calle y a la prensa.

- ✉ Mariahilfer Str. 73
- ☎ 587 82 38
- 🖥 www.caferitter.at

Modalidades de café

En los cafés vieneses no se pide café en general si no se quiere recibir ironía en la respuesta.

Se pide: *Ein grosser/kleiner Schwarzer* (café negro grande/ pequeño), *Ein grosser/ kleiner Brauner* (un cortado grande/ pequeño), Melange (café con leche montada), *Verlängerter* ("alargado" con agua), *Eiskaffee* (blanco y negro con helado de vainilla y nata montada (Schlagobers), *Kapuziner* (capuchino), *türkisches Caffee* (café turco)... con todos se trae un vaso de agua que se renueva cuando se termina si al Ober le cae bien.

Grünauer (C)
Local con pocas mesas y ambiente casero. Cocina fina, casi para gourmets y buena carta de vinos.
- ✉ Hermanng. 32
- ☎ 526 40 80
- 🏠 www.gasthaus-gruenauer.com

Schnitzelwirt (E)
Un local donde lo que cuenta es el gran tamaño de los filetes.
- ✉ Neubaugasse 52
- ☎ 523 37 71
- 🏠 www.schnitzelwirt.co.at

EN JOSEFSTADT

Café Eiles (E)
Este café, ubicado cerca del Ayuntamiento y del Parlamento, ofrece también algo de comer.
- ✉ Josefstadter Str. 2
- ☎ 405 34 10
- 🏠 www.cafe-eiles.at

Schnattl (M)
Uno de los mejores *Beisl* de Josefstadt, que ofrece una excelente cocina, una gran carta de vinos y un servicio amable. Dispone también de una buena terraza.
- ✉ Lange Gasse 40
- ☎ 405 34 00
- 🏠 www.schnattl.com

Tunnel (E)
Este restaurante es más bien una cantina de centro cultural con grandes mesas de madera vieja y buenos ventanales, frecuentada por estudiantes: buenos desayunos y carta sencilla con mucho plato vegetariano. Espectáculo de jazz en vivo por las tardes.
- ✉ Florianigasse 39
- ☎ 990 44 00
- 🏠 www.tunnel-vienna-live.at

Hausmayr's (E)
Tradicional *Beisl* con público variopinto.
- ✉ Lerchenfelder Str. 73
- ☎ 646 754 60 18
- 🏠 www.hausmair.at

EN ALSERGRUND

D'Landsknecht (E)
Local rústico cerca del teatro Wiener Schauspielhaus. Con madera oscura y bonito mostrador. Muy frecuentado antes de las funciones
- ✉ Porzellangasse 13
- ☎ 317 43 48
- 🏠 www.landsknecht.at

Ragusa (C)
Elegante restaurante con cocina de Dalmacia frente a la casa de Freud. Buen pescado.
- ✉ Berggasse 15
- ☎ 317 15 77
- 🏠 www.ragusa.at

Stomach (M)
Buenos vinos, ternera y platos vegetarianos en casa de pueblo con patio.
- ✉ Seegasse 26
- ☎ 310 20 99

EN LEOPOLDSTAT

Schöne Perle (E)
Cocina casera vienesa, en un local sin pretensions.
- ✉ Grosse Pfarrgasse 2
- 🏠 www.schoene-perle.at
- ☎ 890 32 04

Das LOFT (C)
Bar y restaurante en el último piso del hotel Sofitel. La mejor vista del centro histórico.
- ✉ Praterstrasse 1
- ☎ 90 616 81 10
- 🏠 www.dasloftwien.at

Fiaker

Los coches de caballos (en un fiaker caben hasta cinco personas) funcionan en Viena desde 1693. Su nombre viene de la parisina Rue St. Fiacre. Tienen paradas en Stephansplatz, en el Burgring-Heldenplatz y en Schönbrunn. Se discute qué clase de dodotis podría evitar las boñigas en la calle sin estorbar el trote, pero ninguno palía el problema de las micciones, que es el peor. Con o sin capacho, sus tarifas vienen a ser:

60 min. por 110 €; 40 min. por 80 €; 20 min. por 55 €

I Alojamientos

CENTRO HISTÓRICO

Pensión y Apartamentos Lerner (E)

La pensión está detrás de la Catedral. Los apartamentos en Schulerstr. 18.
- ✉ Wipplinger Str. 23
- ☎ 533 52 19
- 🌐 www.pensionlerner.com

Mercure Wien Zentrum (M)

En pleno *Triángulo de las Bermudas,* es el hotel más céntrico de la cadena *Mercure,* que tiene otros siete establecimientos, de distintos precios, en Viena.
- ✉ Fleischmarkt 1
- ☎ 53 46 00
- 🌐 www.all.accor.com

Pertschy Palais Hotel (M)

Instalado en el reformado Palacio Caviani.
- ✉ Habsburgergasse 5
- ☎ 53 44 90
- 🌐 www.pertschy.com

Hotel Aviano- My secret home (M)

Alojamiento muy céntrico, ocupa la quinta y sexta planta de una casa noble y cuentan con aparcamiento. Los precios, dada la localización, son bastante buenos, trato amable y buenas vistas urbanas.
- ✉ Marco-D'Aviano-Gasse 1
- ☎ 512 83 30
- 🌐 www. avianoboutiquehotel.com

Hotel/Pension Arpi (E)

Tras una fachada antigua, instalaciones absolutamente nuevas. Rebajas a partir de 3 noches.
- ✉ Kochgasse 15
- ☎ 405 00 33

Pension Columbia (M)

Edificio antiguo renovado y con terminal de internet en las habitaciones. Mobiliario de antes de la renovación. Cierra durante el mes de enero.
- ✉ Kochgasse 9
- ☎ 405 67 570

Hotel Sacher Wien (C)

De estilo clásico aunque no le falta ni un solo detalle. Se encuentra en pleno centro de Viena, frente a la ópera estatal y justo al lado de la calle Kärntner.
- ✉ Philharmonikerstrasse 4
- ☎ 514 560
- 🌐 www.sacher.com

Hotel Am Stephansplatz (M)

Situado en el centro de Viena, frente a la catedral de San Esteban. De estilo moderno con todas las comodidades. En el restaurante sirven tarta sacher.
- ✉ Stephansplatz 9
- ☎ 534 050
- 🌐 www. hotelamstephansplatz.at

Pensión Pharmador (E)

Pensión palaciega, céntrica con facilidades de aparcamiento en la calle. Ofrece también apartamentos. Organizan visitas guiadas y traslado al aeropuerto.
- ✉ Schottenfeldgasse 39
- ☎ 523 53 17
- 🌐 www.pensionpharmador.at

Hotel Capricorno (M)

Renovado recientemente. Se encuentra cerca de la estación del metro Schwedenplatz. Los desayunos son a la carta y copiosos.
- ✉ Schwedenplatz 3-4
- ☎ 533 31 040
- 🌐 www.hotelcapricorno. wien

ENTRE EL RING Y EL GÜRTEL

Hotel Beethoven Vienna (M)

Acogedor, decorado con tonos coloridos y joviales. La amabilidad y el trato son excelentes. Se encuentra junto a la Ópera y los sábados suele haber conciertos de música clásica.
- ✉ Papagenogasse 6
- ☎ 587 44 820
- 🌐 www.hotel-beethoven.at

Hotel Graf Stadion (E)

Hotel en un edificio estilo Biedermeier, en una tranquila calle de Josefstadt.
- ✉ Buchfeldgasse 5
- ☎ 405 52 84
- 🌐 www.hotelgrafstadion.at trasse. Habitaciones con y

Austria Classic Hotel Wien (M)

Acogedor hotel en un amplio edificio de la avenida principal de Leopoldstadt. Totalmente renovado.
- ✉ Praterstrasse 72
- ☎ 211 300
- 🌐 www.classic-hotelwien.at

Renaissance Wien Hotel (M)

Renovado y rediseñado en 2015, combina la tradición vienesa con elementos de estilo moderno. Hay conexión Wi-Fi gratuita en todo el edificio y la parada de metro Meidlinger Hauptstrasse (línea U4) está a 100 m.
- ✉ Ullmannstrasse 71
- ☎ 89 10 20
- 🌐 www.marriot.com

Hotel am Schottenpoint (M)

Situado en el barrio universitario de Alsergrund, en la parte trasera de un palacio.
- ✉ Wahringerstr. 22
- ☎ 310 87 87
- 🌐 www.schottenpoint.at

Hotel Mozart (M)
A pocos minutos a pie del centro histórico y la famosa Ringstrasse y todos sus monumentos importantes y hermosos.
- ✉ Nordbergstrasse 4
- ☎ 317 15 37
- 🖰 www.hotelmozart-vienna.at

25hours Hotel at MuseumsQuartier (M)
Está muy buen comunicado. La decoración muy esmerada, sobre todo la de la sauna.
- ✉ Lerchenfelder Strasse 1-3
- ☎ 521 510
- 🖰 www.25hours-hotels.com

Hotel Rathaus– Wein & Design (C)
Recientemente modernizado y redecorado, en Josefstadt.
- ✉ Lange Gasse 13
- ☎ 400 11 22
- 🖰 www.hotel-rathaus-wien.at

Gal Apartments Vienna (E)
Bastante céntricos, en Leopoldstadt; ofrecen diferentes categorías de apartamentos.
- ✉ Grosse Mohrengasse 29
- ☎ 650 56 11 942
- 🖰 www.galapartments.com

MR Suite Hotel 200 m zum Prater (M)
- ✉ Böcklinstr. 72
- ☎ 729 17 11/28
   664 435 10 50
- 🖰 www.wien-hotels.info

Appartement-Pensión 700 m zum Ring (E)
Ambos grupos de apartamentos, de la misma empresa, están en edificios antiguos renovados, unos a 200 m del Prater y otros a 700 m del Ring. Tienen los mismos precios y similar nivel de servicios.
- ✉ Van Swietengasse 8
- ☎ 409 36 80/28
- 🖰 www.wien-hotels.info

Mondial Appartement Hotel (E)
Estudios y apartamentos confortables, situados muy cerca de la parada de tranvía.
- ✉ Pfluggasse 1
- ☎ 3 10 71 80
- 🖰 www.appartement.mondial.at

Novotel Suites Wien City Donau (M)
Hotel aséptico, nuevo, garaje y desayuno elemental.
- ✉ Radingerstr. 2
- ☎ 24 58 80
- 🖰 www.all.accor.com

Hotel Kugel (M)
Buen precio en un hotel sencillo. Situado en uno de los barrios comerciales de más colorido local.
- ✉ Siebensterngasse 43
- ☎ 523 33 55
- 🖰 www.hotelkugel.at

Hotel Wilmhelmshof (M)
Un hotel bueno, de diseño, en un edificio del siglo xix. Dispone de un garaje y un metro muy cerca.
- ✉ Kleine Stadtgutgasse 4
- ☎ 214 55 210
- 🖰 www.derwilhelmshof.com

Pension Andreas (E)
40 habitaciones (hasta para cinco personas) en un caserón clasicista.
- ✉ Schlösselgasse 11
- ☎ 405 34 88
- 🖰 www.hpandreas.wpcomstaging.com

Pension Excellence (M)
Pensión de cuatro estrellas en el centro, renovada recientemente.
- ✉ Alser Str. 21
- ☎ 407 96 20

Hotel Haydn (M)
Ambiente tradicional en plena zona comercial y a dos estaciones de metro del centro.
- ✉ Mariahilfer Str. 57-59
- ☎ 58 74 41 40
- 🖰 www.haydn-hotel.at

Pension Wild (E)
En Josefstadt, pensión de estilo avejentado pero limpia y con un buen servicio.

Hoteles
Los hoteles están clasificados mediante estrellas. Una estrella para los más modestos, 5 estrellas para los más lujosos. Estos últimos y los de cuatro estrellas suelen tener instalaciones de fitness, sauna, piscina, deportes. "Hoteles garni" son establecimientos que sirven desayuno pero no disponen de restaurante.

El desayuno es de estilo bufé. Buena relación calidad/precio.
- ✉ Lange Gasse 10
- ☎ 406 51 74
- 🖱 www.pension-wild.com

Hotel Rathauspark Wien
- ✉ Rathausstrasse 17
- ☎ 40 412
- 🖱 www.radissonhotels.com

Living Hotel an der Oper
- ✉ Kärntner Strasse 44
- ☎ 585 805 90
- 🖱 www.living-hotels.com

Schlosshotel Römischer Kaiser
- ✉ Annagasse 16
- ☎ 512 775 10
- 🖱 www.great2stay.de

Hotel Zipser
- ✉ Lange G. 49
- ☎ 404 540
- 🖱 www.zipser.at

Hotel Marc Aurel
- ✉ Marc Aurel Strasse 8
- ☎ 533 52 26
- 🖱 www.hotel-marcaurel.com

EN LAS AFUERAS

Hotel Bergwirt Schönbrunn (E)
En la parte alta de Viena, detrás del palacio, frente al cementerio de Hietzing. (U4-Hietzing), hotel con ambiente tranquilo y bueno.

- ✉ Mexingstr. 76 (Schönbrunn)
- ☎ 877 34 130
- 🖱 www.hotelbergwirt.at

Strandhotel Alte Donau (E-M)
Situado justo al lado del Danubio, cerca de ONU-City, del metro y de Copa Cagrana. Muy moderno y bien decorado.
- ✉ Wagramer Str. 51
- ☎ 204 40 40
- 🖱 www.strandhotel-alte-donau.at

Schloss Wihelminenberg (M)
A unos 8 km del centro, un palacio clasicista rodeado de viñedos. (U3 hasta Ottakring, y después los autobuses B46 o B146 hasta el hotel).
- ✉ Savoyenstrasse 2
- ☎ 485 85 03
- 🖱 www.austria-trend.at

Henriette Stadthotel Vienna
- ✉ Praterstrasse 44-46
- ☎ 214 84 04
- 🖱 www.hotelhenriette.at

Boutique Hotel Donauwalzer
- ✉ Hemalser Gürtel 27
- ☎ 405 76 45
- 🖱 www.donauwalzer.at

Bassena Wien Messe Prater
- ✉ Messestrasse 2
- ☎ 72 727
- 🖱 www.bassenahotels.com

Austria Trend Hotel Doppio
- ✉ Rennweg 97
- ☎ 79 025
- 🖱 www.austria-trend.at

SOMMER HOTELS/ HOTELES TEMPORADA

Durante la temporada de verano (del 1 de julio al 30 de septiembre) las residencias de estudiantes funcionan como hoteles. Suelen ser edificios enormes, con más de cien camas en habitaciones individuales o dobles, con o sin baño y en camas unipersonales. Pero tienen precios atractivos y están céntricos (muy cerca de la Universidad). La oficina de turismo gestiona tres de ellas. Para obtener una plaza basta con rellenar un formulario a través de internet y se otorga en función de la disponibilidad de los alojamientos.
- 🖱 www.academiahotels.at
- 🖱 www.allyouneedhotels.at

Gästehaus Pfeilgasse (E)
A 2 km del centro, un hotel confortable de dos estrellas. Buena relación calidad/precio. Acceso a internet y restaurante. Dispone de televisión y servicio de lavandería.
- ✉ Pfeilgasse 4-6
- ☎ 401 76 61

Precios

Pernoctar en Viena no es barato. Es difícil encontrar una habitación con baño por menos de 70 €, a no ser que se trate de alojamientos privados o de albergues juveniles. Generalmente incluyen el desayuno.

ALBERGUES JUVENILES

Hostel Ruthensteiner (E)

Es un pequeño edificio bien regentado con habitaciones pequeñas, limpias y agradables; con dos encantadores patios interiores de vegetación desbordante. En la planta baja hay un bar y salas comunes. Cocina y barbacoa comunes, espacio para la colada, garaje para bicicletas.

- ✉ Robert-Hamerling-Gasse 24
- ☎ 893 42 02
- 🌐 www.hostelruthensteiner.com

Jugendgästehaus Brigittenau (E)

Gigantesco, con más de 300 camas. No está muy cerca del centro, pero sí del Danubio (y Copa Cagrana) Tranvías 31 y 32, parada Engels-Platz. Habitaciones dobles a séxtuples.

- ✉ Adalbert Stifter Strasse 73
- ☎ 332 82 94
- 🌐 www.oejhv.at

Jugendherberge Myrthengasse (E)

Está situado muy cerca del centro, en un edificio antiguo pero limpio. Dispone de un buen patio y habitaciones. Cierra a la 1 h. Suele estar frecuentado por europeos del este. En verano hay que reservar con antelación. Dispone de 270 camas en habitaciones de 2 a 6 personas. Los dormitorios son espaciosos y limpios. La cafetería ofrece cenas baratas. Lavandería económica. Buen trato, bien regentado.

- ✉ Myrtengasse 7
- ☎ 523 63 160
- 🌐 www.oejh.at

Kolpingfamilie Meidling (M)

Albergue de la organización religiosa Kolping. Metro U6-Niederhofstrasse, desde Westbahnhof.

- ✉ Bendlgasse 10-12
- ☎ 890 31 32
- 🌐 www.wien-meidling.kolping.at

Kolping Wien-Zentral (M)

Hotel funcional entre Mariahilf y Wienzeile. Pertenece a la misma organización que el anterior.

- ✉ Gumpendorfer Str. 39/Stiegengasse 12
- ☎ 587 56 310
- 🌐 www.kolping-wien-zentral.at

Pfeilheim (E)

Abierto solo en verano, es un gigantesco albergue estudiantil cerca del centro (U-Lerchenfelder Strasse).

- ✉ Pfeilgasse 6
- ☎ 401 76 61
- 🌐 www.akademikerhilfe.at

Schlossherberge am Wilhelminenberg (E)

Al oeste de la ciudad, a unos 8 km del centro, al final del Bezirk 16 (metro hasta U-Ottakring, autobus 46 B o 146 B). Está en pleno Bosque de Viena, rodeado de viñas y junto al palacio-hotel Wilheminenberg, bastante apartado del centro pero muy bonito. La recepción abre desde la 7 de la mañana hasta las 22 h. Dispone de cafetería donde se puede comer un menú diario. El acceso a internet es de pago. Se aceptan tarjetas de crédito. Dispone de lavandería pero no de cocina. En verano resulta una buena elección.

- ✉ Savoyenstr. 2
- ☎ 481 03 00
- 🌐 www.hostel.at

Westend City Hostel (E)

Abierto las 24 horas. Dispone de dormitorios de 4 a 12 camas con desayuno incluido. Wifi. También hay habitaciones dobles con literas. Situado en un edificio clasicista recién renovado y con instalaciones completas y un pequeño jardín; a 3 minutos de la estación y de Mariahilfer.

- ✉ Fügergasse 3
- ☎ 597 67 29
- 🌐 www.viennahostel.at

Wombat's City Vienna Naschmarkt (E)

A 2 minutos de la estación del oeste (Westbahnhof), alquiler de bicis, cine y bi-

---

llar. En la línea de lugares baratos para jóvenes.

✉ Rechte Wienziele 35
☎ 89 72 336
🌐 www.wombats-hostels.com

EN EL CENTRO HISTÓRICO

Pension Dr. Geissler (E)

Muy bien situada a dos pasos del canal del Danubio. El precio de las habitaciones dobles varía en función de la temporada y el confort. La recepción se encuentra en el octavo piso. Una veintena de habitaciones en esta pensión de tres estrellas donde la relación calidad/precio hace olvidar muy pronto el lado austero del edificio. Las habitaciones son pequeñas pero cómodas y bien equipadas. Las del octavo piso son luminosas.

✉ Postgasse 14
☎ 533 28 03
🌐 www.hotelpension.at/dr-geissler

Albergues Juveniles/ Jugendherbergen

La Organización de Albergues Juveniles Austriacos, ÖJHV y ÖJHW, tiene más de 100 albergues repartidos por todo el país. Aunque lo normal es que las camas estén en habitaciones comunes, no faltan individuales o dobles, con o sin baño. No hay límite de edad, pero sí un carnet de la asociación austriaca o de otra organización inscrita en la asociación internacional IYHF. No aceptan el carnet Euro-26. Precios desde 22 € por persona y noche.

Información

ÖJHV

✉ A-1010 Wien, Schottenring 28
☎ 01/533 53 53
🌐 www.oejhv.at
   Supertramp-Reisebüro des ÖJHW
✉ A-1010 Wien, Helferstorferstr. 4
☎ 01-533 51 37
🌐 www.jungehotels.at

Hay otros albergues de asociaciones privadas, religiosas o montañeras que no tienen inconveniente en aceptar huéspedes que no sean socios. Algunos albergues limitan la estancia a cuatro noches de estancia. La relación calidad/precio suele ser buena.

Ir de compras

COMERCIOS

Kaufhaus Gerngross
✉ 7, Mariahilfer Str. 38-40

Steffl
Moda y objetos para estilos de vida diseñados.
✉ 1, Kärntner Str 19

Goldenes Quartier
La nueva zona comercial de lujo emplazada en el casco histórico de Viena alberga las tiendas insignias de marcas como Louis Vuitton, Emporio Armani, Miu Miu, Prada y Saint Laurent.
✉ Tuchlauben 3-7A/ Bognergasse/ Seitzergasse/Am Hof

ANTIGÜEDADES

Löcker
Anticuario bien surtido de libros raros, grabados antiguos, carteles, arte judaico.
✉ 1010, Annagasse 5
☎ 512 73 44
🚇 Karlplatz

Dorotheum
✉ 1, Dorotheergasse 17
(▶44)

Entzmann & Sohn
Grabados y artes gráficas antiguos.
✉ 1, Sailerstatte 21

Zacke
Tienda especializada en libros de arte.
✉ Sterngasse 13

RASTROS, MERCADOS DE ANTIGÜEDADES

Karmelitermarkt
Los sábados acuden campesinos de la región a vender sus productos. Puestos de bio-legumbres y quioscos para comer algo.
✉ Karmeliterplatz
🚇 U4, U1
🚊 Tranvías 1, 2 y 31 hasta Salztorbrücke. Hollandstrasse hasta Karmeliterplatz

Kunst- und Antikmarkt
Donaukanalpromenade entre Augartenbrücke y Aspernbrücke.
🕐 Mayo-septiembre, Sáb 14-20 h; dom 10-20 h
🚇 Schwedenplatz y Schottenring

Rastro en Naschmarkt
Al final del mercado, buen rastro los sábados (6-17 h).
✉ 4, Wienzeile (entre Kettenbrückengasse y Karlsplatz)

Alt-Wiener Kunst und Antikmarkt
✉ Am Hof.
🕐 Vie y sáb, 10-19 h

Österreichische Werkstätten
ÖW es la marca oficial de los productos diseñados por los Talleres Vieneses: muebles, menaje y joyas, todo en el más depurado estilo modernista.
✉ Kärntner Str. 6
☎ 512 24 18
🕐 Abierto de lunes a viernes
🚇 Filial en el aeropuerto

Kunst und Handwerksmarkt
De abril a noviembre abre los primeros fines de semana; en diciembre todos de 10 a 18 h.
✉ 1, Heiligenkreuzer Hof

CONFITERÍAS Y DELICATESSEN

Demel
Los más finos bombones y tartas de estilo y sabor K&K.
✉ 1, Kohlmarkt 14
🚇 Stephansplatz

Altmann & Kühne
Minidulces artesanales en peculiares estuches.
✉ 1, Graben 30

Sacher
Venta al público de la famosa tarta de chocolate *Sacher*.
✉ 1, Kärntern Ring 38

Imperial
Las tartas que se elaboran aquí hacen competencia a las de Sacher.
✉ 1, Kärntern Ring 16

Männer Shop
Los famosos *nougats/ Männer Schnitten* envueltos en cajitas rojizas con la vecina torre del Steffl a la vista.
✉ Stephansplatz esquina Rotenturmstrasse

Meinl am Graben
Está considerada como la mejor tienda de *delikatessen* de Viena, cuenta con un excelente restaurante.

✉ Graben 19
🌐 www.meinlamgraben.eu

Vinissimo
Tienda de vinos austriacos que se pueden catar en un pequeño bistró.
✉ 1020, Grosse Pfarrgasse

Zum Schwarzen Kameel
Aquí se sirven los dulces en un vaso. Llevan el nombre de Chamelles y se presentan en sabores de strudel de manzana y tarta Sacher.
✉ Bognergasse 5
🚇 Herrengasse
🌐 www.schwarzeskameel. at

JOYAS Y ACCESORIOS

Anna Stein
Objetos de recuerdo insólitos, desde bolsos de fieltro y joyas brasileñas...
✉ Kettenbrückengasse 18
🚇 Kettenbrückengasse

Hartmann
Gafas trabajadas a mano, peines, calzadores de hueso, objetos originales.
✉ 1, Singerstrasse 8
🚇 Stephansplatz

Horn
Accesorios elegantes, artículos de viaje de cuero...

✉ 1, Bräunerstr. 7
🚇 Stephansplatz
✉ Mahlerstr. 5
🚇 Karlplatz

Michaela Frey
Joyas de esmalte y joyería noble.
✉ Lobkowitzplatz 1
🚋 Tranvía D
🚇 Karlsplatz

Vienna Bag
Objetos mezcla de ultramoderna técnica y manufactura artesanal: delicados bolsos de fibra de vidrio, originales y elegantes.
✉ 1, Bäckerstr. 7
🚇 Stephansplatz

Schullin
Talleres artesanos vieneses de joyería de alta gama.
✉ 1, Kolhmarkt 7

Museos

Las tiendas de los museos (MuseumsQuartier, Albertina, MAK, Casa de la Música, Fundación Von Karajan...) son excelentes para proveerse de regalos y música clásica.

Song
Moda de vanguardia, accesorios y cosmética. Galería de arte, libros de arte y diseño.
- ✉ Praterstr. 11
- ☎ 532 28 58
- ⏰ Lun-vie, 10-19; sáb, 10-17 h
- 🚇 Schwedenplatz

L. Jarosinski & Vaugoin
Objetos de menaje y cuberterías en una de las tiendas más tradicionales de Viena.
- ✉ Zieglergasse 24

2006Feb01
El nombre de la tienda indica la fecha de apertura, accesorios de diseño de clase y precios megaselectos. Especialmente del grupo BEHF.
- ✉ Plankengasse 2
- ☎ 513 42 22
- ⏰ Lun-vie, 10-18.30 h; sáb, 10-17 h
- 🚇 Stephansplatz

Köchert
Surtido tradicional y moderno. Especialidad en las piedras de Sissi.
- ✉ 1, Neuer Markt 15

Bachner
Relojes de precisión del mejor taller vienés.
- ✉ 1, Kärntner Str. 9-13

Caesar Juwelen
Alta bisutería de diseño. Fachada de Hans Hollein.
- ✉ 1, Graben 26

RECUERDOS

Augarten Porzellanmanufaktur
Algunos de los recuerdos de la fábrica de porcelana imperial vienesa.
- ✉ 1, Stock-im-Eisen-Platz

Manufaktur Perzy
Un original y tradicional recuerdo son las bolas de nieve que muestran el mundo en miniatura. La nieve cae lentamente sobre la catedral de San Esteban o la Noria de Viena entre otros.
- ✉ Schumanngasse 87
- 🚇 Michelbeuern-AKH
- 🌐 www.schneekugel.at

MODA

Disaster Clothing
Camisetas y moda de diseño hip-chistoso, etiquetas extranjeras y vienesas, bolsos, sombreros.
- ✉ Kirchengasse 19 y Neubaugasse 7
- 🚋 Tranvía 49
- 🚇 Neubaugasse

Doris Ainedter
Modista vienesa con nombre internacional.
- ✉ Jasomirgottstr. 5
- 🚇 Stephansplatz

Flo
Vestidos antiguos con bisutería incrustada, joyas y complementos.
- ✉ Schleifmühlgasse 15A

K & K

Las tiendas que tenían como clientes a los habitantes del Hofburg, llevan aún las iniciales K&K: "kaiserliche-königlich" —imperial y real— marca de la monarquía austro-húngara en Austria.

En Hungría se utilizaba una sola K. Robert Musil dio a uno de los capítulos de su obra "El hombre sin atributos", el título de "La República de Kakania".

 Bus 2 A, 3 A, parada Wipplingasse

Humana Vintage
La mayor y más sorprendente oferta de ropa de segunda mano de Viena.

 Lerchenfelder Str. 45, esquina Neubaugasse
 Tranvía 46, Piaristengasse

Park
Es una boutique con surtido vanguardista. En sus dos pisos blancos hay, además de moda, libros y revistas.
 7, Mondscheingasse 20
 526 44 14
 Lun-vie, 10-19 h; sáb, 10-18 h
 Neubaugasse

Emis
Exquisita tienda de moda japonesa actualísima.
 Wildpretmarlt 7
 Lun-Vie, 10-13 y 14-18.30 h; sáb, 10-17 h
 Stephanplatz

JUGUETES

Damage Unlimited Games Center
Tienda de juegos de mesa y artículos de *merchandising*.
 Mariahilferstr 23-25

Das Spielzeug
 Rauhensteingasse 5

MÚSICA

Teuchler
Los coleccionistas encontrarán en esta tienda todo lo que buscan. Hay un gran surtido en LP's y CD's de rock, pop y jazz.
 Windmühlgasse 10
 2A, 57A

El centro

En el centro, la principal vía comercial es Kärntner Strasse/ Graben/Kolhmark. Ambas forman un cuadrado que encierra el comercio vienés más selecto. Detrás de la Catedral están los pequeños comercios de Bäckerstrasse y sus bocacalles: librerías, boutiques, galerías de arte...

Llevar a los niños

MUSEOS ENTRETENIDOS

Algunos de los grandes museos pueden ser incluso más divertidos si se visitan con niños. En ellos se podrá observar animales y su hábitat, experimentar con aparatos técnicos y aprender a dirigir una orquesta o jugar a sacar música de los objetos más dispares.

Technisches Museum (▶81).

Naturhistorische-smuseum (▶67).

Haus der Musik (▶51)

Zuckerlwerkstatt
Los visitantes pueden ver cómo se hacen los bombones y dulces a mano según antiguas recetas vienesas.
- ✉ Herrengasse 6-8/4
- 🕐 Lun-sáb, 10-18 h
- 💻 www.zuckerlwerkstatt.at

MUSEOS INFANTILES

Zoom Kindermuseum en MuseumsQuartier
Workshops infantiles y programas de juegos con horario para niños.

Atracciones infantiles

Viena ofrece muchas atracciones para los turistas más pequeños, desde visitas guiadas especialmente para ellos en algunos museos, hasta el tradicional parque infantil del Prater, Wurstlprater. Información puntual ofrece la página de internet www.wienxtra.at

- ☎ 52479 08
- 💻 www.kindermuseum.at

Circus-und Clownmuseum
Un entretenido museo sobre el circo, organizado por André Heller.
- ✉ Karmelitergasse 9
- ☎ 0676 460 47 94
- 🕐 Dom 10-13 h, y cada 1.° y 3.° jueves de mes, 19-21 h
- 🚇 Schwedenplatz y 10 minutos por el puente Schwedenbrücke y Taborstrasse hasta llegar a Karmelitergasse; o de Schwedenplatz, tranvía N a Karmeliterplatz
- 💻 www.circus-clownmuseum.at

Spielplatz Stadtpark
(▶80)
Es la mejor dirección en el centro de Viena. Grandes campos de juegos con arena, toboganes, columpios, campos de futbito, y rampas de skate.

Tiergarten Schloss Schönbrunn (▶21)
Es el zoo más antiguo del mundo. Los niños menores de 14 años deben ir acompañados de un adulto.
- 🕐 Abril-sept, 9-18.30 h
- 💻 www.zoovienna.at

Prater
Dentro del parque del Prater, los más pequeños

pueden disfrutar del recinto infantil del Wurstelprater (▶70).

Pötzleindorfer Schlosspark
En este parque de atracciones se pueden disfrutar los adultos con los niños de los toboganes y demás atracciones que lo componen. También hay campos de deporte, prados y un zoológico casero en el distrito 18. La entrada de los perros y las bicis está prohibida.
- ✉ Pötzleindörfer Strasse/ Geymüllergasse
- 🕐 Desde las 7 de la mañana hasta el anochecer

TEATROS PARA NIÑOS

Akzent
- ✉ 4, Theresianumgasse 16-18
- ☎ 501 651 33 06
- 💻 www.akzent.at

Marionettentheater Schloss Schönbrunn
- ✉ 1130, Hofratstrakt
- ☎ 817 32 47
- 💻 www.marionettentheater.at

Niedermair Kindertheater
- ✉ 8, Lenaugasse 1a
- ☎ 408 44 92
- 💻 www.niedermair.at

I Diversiones

ENTRADAS ANTICIPADAS PARA CONCIERTOS

Vienna Ticket Office
✉ Am Europlatz 5
☎ 513 11 11
🌐 www.viennaticketoffice.com

Wien-Ticket (Pabellón junto a la Ópera)
✉ Kärntner Str.
☎ 588 85,
🌐 www.wien-ticket.at

ÓPERA, TEATRO, KABARETT

Staatsoper Wien
☎ Opernring 2
☎ 514 44 22 50
🌐 www.wiener-staatsoper.at

Volksoper Wien
La Ópera Popular de Viena hace honor a su nombre en un programa que abarca ballet, opereta, ópera, conciertos.
✉ Wahringer Str. 78
☎ 514 44 36 70
🌐 www.volksoper.at

Musikverein Wien
Programa casi diario de conciertos.
✉ Bösendorferstr. 12
☎ 505 81 90
🌐 www.musikverein.at

Burgtheater
El teatro nacional austriaco tiene un programa en el que caben autores clásicos y modernos.
✉ Universitätsring 2
☎ 514 44 45 45
🌐 www.burgtheater.at

Volkstheater
Teatro tradicional pero crítico, por una compañía joven.

✉ Arthur-Schnitzler-Platz 1
☎ 52 111 400
🌐 www.volkstheater.at

Scala
Todo cabe en su escenario: teatro inglés de humor negro, musicales, clásicos...
✉ Wiedner Hauptstr. 106
☎ 544 20 70
🌐 www.theaterzumfuerchten.at

Kabarett Simpl
Desde 1912. Tiene programa de revista-cabaret.
✉ Wollzeile 36
☎ 512 47 42
🌐 www.simpl.at

LOCALES CON MÚSICA EN VIVO

Café Carina (M)
Local situado en la estación de metro.
✉ Josefstädterstr. 84, Stadtbahnbogen
☎ 406 43 22
🚇 Josefstädterstrasse
🚊 J, 5, 33
🌐 www.cafe-carina.at

Porgy & Bess
Ofrecen conciertos a primera hora y DJ's después. Hay buena comida y cócteles.
✉ Riemergasse 11
☎ 512 88 11
🚇 Stubentor
🌐 www.porgy.at

CINES

Austrian Film Museum
La filmoteca austriaca, en el edificio del Alberti-na, tiene un interesante programa de retrospectivas y películas de todo el mundo.
✉ Augustiner Str. 1
☎ 533 70 54
🌐 www.filmmuseum.at

Künstlerhaus Wien
En la casa de los artistas hay un buen cine independiente con programa especializado en películas de interés artístico exclusivamente.
✉ Karlplatz 5 (entrada por Akademiestr. 13)
☎ 587 96 63
🌐 www.kuensterhaus.at

Los Talleres vieneses

Fundados en 1903 por el arquitecto J. Hoffmann y el pintor Kolo Moser, los Talleres Vieneses (Wiener Werkstätte) se dedicaron a producir objetos diseñados en estilo modernista (Jugendstil): primero joyas y muebles, después, debido a su gran éxito, utensilios de menaje, escritorio, decoración... Sus productos se ven en muchos escaparates y rastros de la capital.

Metro-Kino
Un curioso cine en el casco antiguo que presenta programas temáticos.
- ✉ Joannesgasse 4
- ☎ 512 18 03
- 🖰 www.filmarchiv.at

Schikaneder Kino
Cine de barrio que suele programar "raros y curiosos".
- ✉ Margaretenstr. 24
- ☎ 585 28 67
- 🖰 www.schikaneder.at

Votiv Kino
Un cine que cuenta con un programa de calidad. También tiene un animado café.
- ✉ Wahringer Str. 12
- ☎ 317 35 71
- 🖰 www.votivkino.at

Urania Kino
En el centro cultural Urania hay dos salas que programan buen cine.
- ✉ Uraniastrasse 1
- ☎ 715 82 06
- 🖰 www.cineplexx.at

Arena Sommerkino
Aquí proyectan cine al aire libre.
- 🖰 www.arena.wien

DISCOTECAS

Viper Room
Anteriormente fue la sede del club gótico de Viena. En la actualidad, este espacio dispone de salas que pueden alquilarse para eventos privados.
- ✉ Landstrasse Hauptstr. 38
- 🖰 www.viper-room.at

Arena
Antiguo polígono industrial, con tradición de izquierdista y música rock.
- ✉ Baumgasse 80
- 🖰 www.arena.wien

A-Danceclub
Es una enorme discoteca de formato XXL, abierta viernes y sábados a partir de las 22 h.
- ✉ Handelskai 94-96, Millenium City
- 🖰 www.a-danceclub.at

ESCAPE ROOM

No Way Out
Salas de *escape room* para todos los gustos. Las más populares son Da Vinci, Escuela de Magia, Misión Belvedere o La Monja.
- ✉ Rauhensteingasse 7
- ☎ 660 605 0000
- 🖰 www.nowayout-escape.at

Escape Game Viena
Es un juego de escape, pero al aire libre, recorriendo las calles de Viena.
- 🖰 www.mycityhunt.es

ZONAS HÚMEDAS

BERMUDADREIECK

Roter Engel
Abierto desde 1981, este club es una de las salas de fiestas más populares de Viena.
- ✉ Rabensteig, 5
- ☎ 535 41 05
- ⌚ 17-04 h
- 🖰 www.roterengel.at

Krah Krah
Así graznan los cuervos de Rabensteig, con una carta de 50 cervezas y los domingos brunch con jazz.
- ✉ Rabensteig 8
- ☎ 533 81 93
- ⌚ 11-02 h
- 🖰 www.krah-krah.at

First Floor
Bar de cócteles en el centro de Viena. Tiene música en directo.
- ✉ Seitemnstettengasse 5
- ☎ 532 11 65
- ⌚ 19-04 h
- 🖰 www.firstfloorbar.at

Kaffee Alt Wien
Aquí se puede degustar uno de los mejores gulash de Viena.
- ✉ Backerstr. 9
- ☎ 512 52 22
- ⌚ 10-04 h
- 🖰 www.kaffeealtwien.com

Café Engländer
Postgasse 2
- ☎ 966 86 65
- ⌚ 08-01 h
- 🖰 www.cafe-englaender.com

Jazzland
Un sótano abovedado con música de jazz.
- ✉ Franz-Josephs-Kai 29
- ☎ 533 25 75
- ⌚ Lun-sáb, desde las 19 h
- 🖰 www.jazzland.at

Flex
Es un local con mucho espacio y destinado a jóvenes. Está situado en una estación de metro: conciertos *techno* y *raven*, *hardcore-live-acts*, etc. Presume de tener el mejor sonido de Europa.

Triángulo de las Bermudas

(Bermudadreieck) es la zona húmeda del casco antiguo, con bares en los que el diseño del interior es tan importante como la carta de bebidas (y comidas): el triángulo estricto lo forman, alrededor de la iglesia St. Rupecht, las calles Rabensteig, Seitenstettengasse y el muelle de Donaukanal. El Triángulo se desparrama por Bäckerstrasse.

Entre los puestos abiertos en el centro hasta la madrugada están el Würstenland en Albertinaplatz; al lado el Café Atelier, justo debajo del museo.

✉ Muelle del Canal, cerca de Schottenring, bajada de Augartenbrückea
🕐 18-04 h
🖥 www.flex.at

Naschmarkt/ Freihausviertel
En Naschmarkt hay locales para trabajadores del mercado que no cierran en toda la noche. En las calles del Freihausviertel hay varios bares dispersos, tranquilos, frecuentados por estudiantes de las cercanas escuelas técnicas de Wiedner Hauptstrasse.

Kunsthalle Wien Karlsplatz
Un funcional contenedor para exposiciones.
✉ Karlsplatz, Treitlstr. 2
☎ 521 890
🕐 09-02 h
🖥 www.kunsthallewien.at

Roxy
Un clásico disco-club nocturno abierto desde 23 h.
✉ Faulmanngasse 4, esquina a Operngasse 24
☎ 681 203 07 088
🖥 www.roxyclub.org

Lisboa Lounge
Restaurante especializado en comida portuguesa.

✉ Mühlgasse 20
☎ 967 00 61
🖥 www.lisboalounge.at

Johnnys Pub
Tiene actuaciones de música en directo y dispone de juegos de mesa.
✉ Schleifmühlgasse 11
☎ 587 19 21
✉ 16-02 h
🖥 www.johnnys-pub.at

Point of Sale
Buena cerveza.
✉ Schleifmühlgasse 12/ Operngasse
☎ 920 85 47
🖥 www.thepointofsale.at

Centimeter I beim Rathaus
De los restaurantes más populares de Viena. Situado muy cerca del ayuntamiento, tiene platos muy contundentes a precios razonables.
✉ Lenaugasse 11
☎ 470 060 641
🖥 www.centimeter.at

Schlossquadrat
El antiguo edificio Schlossquadrat, aloja 4 *beisl* abiertos hasta medianoche.
✉ Margaretenplatz/ Schlossgasse 21
☎ 544 49 07

🖥 www.schlossquadr.at

Silberwirt
✉ Schlossgasse 21
☎ 544 49 07
🖥 www.silberwirt.at

Gergely's
Restaurante especializado en comida portuguesa.
✉ Schlossgasse 21
☎ 544 07 67
🖥 www.gergelys.at

Café Cuadro
Pertenece al Schlossquadrat. Tiene tapas, hamburguesas y cócteles.
✉ Margarettenstr. 77
☎ 544 75 50
🖥 www.cuadro.at

Salas de cine

Cines hay en casi todos los barrios de Viena. Grandes salas, por ejemplo, son IMAX (Mariahilferstr. 212) o Burgkino (Opernring 19). Pero si no se quieren ver en alemán las mismas superproducciones que se ofrecen en todas las capitales del mundo, en Viena hay salas con programas en versión original.

SPITELBERG/ STADTBAHNBOGEN

Plutzer Bräu
- ✉ Schrankgasse 2
- ☎ 526 12 15
- ⏰ 11-02 h
- 🌐 www.plutzerbraeu.at

7Stern
Local que en época nazi fue de la Gestapo y después del KPÖ, que tenía encima su sede.
- ✉ Siebensterngasse 31
- ☎ 0699/15 23 61 57
- ⏰ 16-02 h
- 🌐 www.7stern.net

The Furniture Café
Ofrece carta de comidas, cócteles e incluso el gusto de ver una decoración que cambia cada poco tiempo.
- ✉ Burggasse 10
- ☎ 524 94 97
- ⏰ 10-01 h
- 🌐 www.das-cafe.wient

DonauTechno
Cerca de Mariahilfestrasse.
- ✉ Karl-Schweighofergasse 10
- ☎ 523 81 05
- ⏰ 20-04 h

Titanic Club
Sótano de estrechos pasillos y paredes de espejos, música *house* y público femenino protegido por los porteros.
- ☎ Theobaldgasse 11
- ☎ 699 170 21 318
- ⏰ Vie-dom desde las 23 h
- 🌐 www.titanic.at

Café Europa
Un local de restauración abierto casi toda la noche.
- ✉ Zollergasse 8
- ☎ 526 33 83
- 🌐 www.cafeeuropa.at

Chelsea
Discoteca de aire *punk*.
- ✉ U-Bahn-Bogen 29-32
- ☎ 407 93 09
- ⏰ 18-04 h

Rhiz
Música *techno* y gran *shanigarten*.
- ✉ Stadtbahnbogen 37-38
- ☎ 409 25 05
- ⏰ 18-04 h
- 🌐 www.rhiz.wien

B72
Local con actuaciones.
- ✉ StadtBahn-Bogen 72
- ⏰ 20-04 h
- 🌐 www.b72.at

Loop
- ✉ Stadtbahnbogen 26-27
- ✉ Lerchenbfeldergürtel 48
- ☎ 402 41 95
- ⏰ 19-02 h
- 🌐 www.loop.co.at

U4
Gran discoteca donde entra toda clase de público, con música que oscila del *house* al caramelo italiano.
- ✉ Schönbrunner Strasse 222
- 🌐 www.u4.at

GAYS Y LESBIANAS

Café Savoy
- ✉ Linke Wienzeile 36
- ☎ 430 33 04
- ⏰ 17-02 h
- 🌐 www.cafe-savoy.at

Minirestaurant
Restaurante de comida continental. Es preciso hacer reserva previamente.
- ✉ Marchettigasse 11
- ☎ 660 836 77 83
- ⏰ Mar-sáb, 18-01 h
- 🌐 www.minirestaurant.at

Café Berg
Tradicional punto de encuentro gay con una buena librería, *Löwenherz*.
- ✉ Berggasse 8
- ☎ 677 616 88 515
- ⏰ Abre solo los fines de semana, de 9 a 15 h.

Flinte
Café exclusivo para mujeres, personas trans, inter y no binarias.
- ✉ Lange Gasse 11
- ⏰ Abre solo los viernes de 19 a 00 h

▮ Deportes

DONAUINSEL

En la isla del Danubio hay posibilidad de practicar cualquier deporte: natación, surf, esquí acuático, remo, senderismo, skater, ciclismo, hay campos de fútbol, balón-playa...

Alquiler de barcas

- ✉ An der Reichsbrücke
- 🕐 Abril-septiembre, 10-14 h
- ☎ 204 34 35

BUNGEE JUMPING

Desde Donau Turm, arrojarse al vacío desde 152 m de altura (abril-octubre, sáb y dom).
Información y tiques:
www.jochen-schweizer.de
www.donauturm.at

SKATER

Los aficionados al monopatín pueden participar en circuitos por las calles de Viena, los viernes por la noche.
Punto de encuentro:
- ✉ Heldenplatz a las 21 h

Rad-und Skaterverleih Copa Cagrana

Alquiler de skater y bicis. Se alquilan también *elektrorollen*, tandems y *rikschas*.
- ✉ Reichsbrücke / Donauinsel, Am Damm 1

- ☎ 236 52 42
- 🕐 Mayo-agosto, 9-21 h; abril-sept, 9-20 h
- 🌐 www.fahrradverleih.at

HAMMAM

Uno puede disfrutar de un auténtico baño turco en el complejo de restauración

Aux Gazelles.

- ✉ Rahlgasse 5
- 🚇 Museumsquartier
- 🕐 Lun-sáb, 12-22 h
- ☎ 585 66 45
- 🌐 www.auxgazelles.at/ hamman-spa

Thermas de Oberlaa

Sauna, wellness, piscinas termales y centro de energía en unos baños termales urbanos.
- ✉ Kurbadstrasse 14
- 🚇 Reumannplatz y desde allí tranvía 67 hasta Kurzentrum Oberlaa
- ☎ 680 09-0
- 🕐 08-23 h
- 🌐 www.thermewien.at

NADAR EN EL DANUBIO

Playa Strandbad Gänsehäufel

La popular playa vienesa (la cual tiene 2 km de longitud) funciona desde 1907, tiene una capacidad para 30.000 personas y desde la refor-

ma del Danubio, garantía de agua limpia.
- ✉ Moissigasse 21, 9-19 h
- ☎ 269 90 16
- 🚌 90 A, 91 A, 92 A, parada Schüttau Platz

EN EL BARCO-PISCINA DEL CANAL

Donau Badeschiff

- ✉ Donaukanallände, entre Schwedenbrücke y Urania
- 🚇 Schwedenplatz
- 🚊 1, 2, 21, N
- 🕐 11-24 h
- 🌐 www.badeschiff.at

BICICLETAS PÚBLICAS/ WIENMOBIL

Viena tiene más de 1.000 km de carriles-bici y está en la ruta ciclista del Danu-

Spittelberg

Detrás del Museums-Quartier, cuyos locales suelen tener eventos por la noche, y de Mariahilfestrasse, está Spittelberg, una zona nocturna menos selecta y más barata que el Triángulo de las Bermudas: el público es más joven y no tiene aún trazas de ejecutivo establecido ni tics de modernidad. Los bares se extienden por Siebensterngasse y Burggasse. Subiendo esta calle se llega al cinturón de Lerchenfelder Gürtel, surcado por la línea de metro U-6, que va sobre un viaducto bajo cuyos arcos (Stadtbahnbogen) se refugian discotecas.

bio. Cuenta además con un sistema municipal de autoalquiler de bicis: *WienMobil*. Las bicis están estacionadas en 50 aparcamientos junto a las estaciones de metro. Para utilizarlas hay que usar la tarjeta de crédito *(Maestro Card, Master Card, Visa, JCB)* en el cajero de la misma estación. Se paga 1 € y se consigue el permiso. La primera

hora es gratis, la segunda cuesta 2 €, la tercera 3 € y desde la cuarta hasta 120 h, 4 € por hora. Si se pasa de las 120 h, o se pierde la *burra*, 600 €.

ALQUILER DE BICIS
(a partir de 4 €/hora)

Radverleih Hochschaubahn

✉ Prater 120

🌐 www.radverleih-hochschaubahn.com

☎ 729 58 88

Radsport Nussdorf

Paseo del Danubio, en el carril bici Radweg.

🕐 08-20 h

☎ 370 45 98

ALQUILER DE PATINES

Moro Verleih

Alquiler de patines, skates y kajaks.

✉ Reclamgasse 50

🌐 www.moroverleih.at

☎ 670 551 85 23

KLETTERN (ESCALAR)

La capital del país alpino tiene varias escuelas de escalada con instalaciones. Incluso ofrece la posibilidad de escalar en el exterior, por los muros de hormigón de las torres antiaéreas (Flaktürme, Auerpark, Esterhazipark), restos de la Segunda Guerra Mundial.

Kletterzentrum Flakturm

☎ 585 47 48;

🚇 Neubaugasse, Kettenbrückengasse,

🕐 Lun-vie, 14-22 h; sáb y dom, 13-22 h. Cerrado con mal tiempo

🌐 www.flakturm-klettern.at

ESCUELAS

ÖGV-Kletterzentrum

✉ Lerchenfelder Str. 28

🚇 Volkstheater; Zhaliastrasse/Lerchenfelderstrasse)

🕐 Lun-vie, 10-23 h; jul y ago hasta las 18 h; sáb y dom, oct-may, 14-20 h

☎ 405 26 57

Alpenverein Austria - Kletterzentrum Rotenturmstrasse

✉ Rotebturmstr. 14

🚇 Stephanplatz, Schwedenplatz

☎ 513 10 03

🕐 Lun-vie, 9-16 h

Edelweiss-Center

✉ Walfischgasse 12

☎ 513 85 00

🚇 Karlsplatz

🕐 Lun-vie, 10-23 h; sáb y dom, 12-20 h

🌐 www.edelweiss-center.at

ÖTK Kletterhalle Vienna

✉ Bäckerstr. 16

☎ 512 38 44

🕐 Lun-vie, 10.30-22 h; sáb y dom, 13-20 h

∎ Ferias y festivales

ENERO

Neujahrskonzert, se celebra el concierto de Año Nuevo en la sala de la Sociedad Musical a cargo de la Wiener Philharmoniker Orchestra.

FEBRERO

Opernball. Baile de Debutantes en la Ópera.
Entradas:
☎ 514 44 2250
✆ www.wiener-staatsoper.at
Internationales Tanzwochen, Semanas Internacionales de ballet.

MARZO/ABRIL

Osterklang, conciertos de Pascua por Wiener Philharmoniker y otras orquestas.
☎ 588 85 111
✆ www.theater-wien.at
Mozart-Konzerte. La Wiener Mozart Orchester y otras orquestas interpretan obras del repertorio mozartiano.
✆ www.mozart.co.at

MAYO

Wiener Festwochen. Semanas festivas de Viena con un apretado programa de conciertos y teatro.

☎ 58 92 20
✆ www.festwochen.at

JUNIO

KlangBogen Wien. Conciertos, desde música barroca hasta actual, en el Ayuntamiento, en Kammermusik y Schloss Schönbrunn. Entradas:
✆ www.viennatickets.com

Concordiaball. Bailes al ritmo de Strauss en el salón del Rathaus o en Arkadenhof, al aire libre.
☎ 533 85 73
✆ www.concordiaball.at

Donauinselfest. Festival de rock-pop al aire libre y con entrada gratuita.
✆ www.donauinselfest.at

JULIO/AGOSTO/ SEPTIEMBRE

Jazz-Fest Wien, conciertos de jazz en el Volkstheater y al aire libre.
✆ www.jazzfest.wien

Musikfilmfestival. En la plaza del Ayuntamiento, durante los meses de junio a septiembre, se proyectan películas de óperas famosas y fragmentos musicales de otras películas.

✆ www.filmfestival-rathausplatz.at

Volksfest en el Prater. Actuaciones de estrellas internacionales con fuegos artificiales como colofón.
✆ www.volksstimmefest.at

OCTUBRE

Festival de jeunesse, con actuaciones de jóvenes artistas.
☎ 505 63 56
✆ www.jeunesse.at

Viennale, Festival de cine. Proyección de películas a concurso y otras actividades paralelas.
☎ 526 59 47
✆ www.viennale.at

DICIEMBRE

Mercados navideños. La Nochevieja se celebra en las calles del centro de manera sonada *(Silvesterpfad)* y en Stephansplatz se oyen las campanadas de la campana Pummerin.

El *Kaiserball* (Baile del Emperador) de Nochevieja se celebra en la Prunksaal del Hofburg.
☎ 664 854 6961
✆ www.kaiserball.eu

Información Práctica

▌ Oficinas de turismo

El turismo austriaco está muy bien organizado. Cada región y casi cada pueblo tiene su oficina y su página en Internet.

En Internet
Oficina Nacional de Turismo Austriaca
☎ 902 999 432
🌐 www.austria.info/es
🌐 www.wien.info

Embajada de Austria en España
P.º de la Castellana 91
28046 Madrid
☎ 91 556 53 15
🌐 www.bmeia.gv.at
De lunes a viernes de 10 h a 13 h

ANTES DE PARTIR

▌ Qué llevar

Algunas naciones requieren que el pasaporte sea válido por un tiempo (generalmente seis meses) tras la fecha de entrada. Contacte con su embajada, consulado o agencia de viajes para más detalles.
- Pasaporte/DNI: obligatorio
- Visado: no obligatorio
- Billete de ida o vuelta: recomendable
- Vacunas: no obligatorio
- Tarjeta sanitaria (P123, Salud): no obligatorio
- Seguro de viaje: recomendable
- Permiso de conducir (nacional): obligatorio
- Certificado de seguro del coche: obligatorio
- Documentación de registro del coche (para coche propio): obligatorio

▌ Cuándo ir

Temporada alta: abril-octubre
Temporada baja: enero-marzo/noviembre-diciembre

Enero	2 ºC	Nieve y lluvia
Febrero	3 ºC	Nieve y lluvia
Marzo	9 ºC	Chubascos y sol
Abril	13 ºC	Chubascos y sol
Mayo	18 ºC	Sol y lluvias ocasionales
Junio	21 ºC	Sol y lluvias ocasionales
Julio	23 ºC	Sol y lluvias ocasionales
Agosto	22 ºC	Sol y lluvias ocasionales
Septiembre	18 ºC	Sol y lluvias ocasionales
Octubre	13 ºC	Sol y lluvias ocasionales
Noviembre	5 ºC	Chubascos y sol
Diciembre	3 ºC	Nieve y lluvia

DURANTE LA ESTANCIA

▌ Llegada

Por avión. Al aeropuerto Viena-Schwechat llegan unas 40 líneas internacionales.
🌐 www.viennaairport.com

Aeropuerto de Viena-Schwechat
Distancia al centro: 19 km
Duración del trayecto: autobús *Express Vienna Airport* (30 minutos), taxi (20 minutos), *City Airport Train* (16 minutos).
Hay trenes suburbanos (S-Bahn), cada media hora al centro de Viena (Wien-Mitte). El primero sale a

las 4.32 h y el útimo a las 23.47 h. El viaje dura 24 minutos, cuesta unos 4 €. Incluido en la *Vienna Card*. El tren directo *CAT (City Airport Train)* hace el mismo recorrido sin paradas desde las 5.38 h a las 23.35 h, el viaje dura 16 minutos.

El autobús *Vienna Airport Lines* circula cada media hora entre el aeropuerto y Schwedenplatz/Morzin-platz desde las 5 h a las 23.30 h. El viaje dura 20 minutos.

Hay autobuses también a Westbahnhof/Meidling. El viaje dura 30/45 minutos; a UNO-City (40 minutos) y a las estaciones de los pueblos Baden y Mödling (40/60 minutos respectivamente).

Información del aeropuerto: ☎ 77 77 00
Austrian Airlines
📞 www.austrian.com

En autobús. No hay conexiones directas con Austria en autobús pero se puede viajar a alguno de los países limítrofes y luego tomar allí otro autobús. Las principales compañías que cubren los trayectos europeos son:
FlixBus ☎ 902 405 040
📞 www.flixbus.es
Oficinas en Viena: ✉ VIB Vienna International Bus-terminal. Erdbergstraße 200 A.
Alsa ☎ 902 422 242 📞 www.alsa.es

En tren. Desde España no hay trenes directos y las conexiones son complicadas. La red austriaca es muy buena y los servicios especiales de los ferro-carriles nacionales –*Österreichische Bundesbahn, ÖBB*– pueden resultar muy interesantes para turis-tas como el *Wanderticket* (tíquet de senderismo) que ofrece condiciones especiales a los deportistas que vayan a determinadas regiones en tren, y el *Radticket* (tíquet para ciclistas). Para jóvenes de hasta 19 años hay un billete muy económico para toda la red de ferrocarriles durante la temporada de vacaciones en Austria. Información detallada de horarios, ofertas, condiciones y lugares en todas las estaciones
📞 www.oebb.at

En coche
Desde Suiza. La mejor ruta es la que pasa por St. Ga-llen y el Vorarlberg, siguiendo por el Túnel del Arlberg (peaje) hacia Tirol y tomando la autopista A 1 a Viena.
Desde Alemania. La principal vía de entrada es la autopista München-Salzburg que empalma con las autopistas A 12 a Innsbruck, A 10 a Klagenfurt y A 1

▌ **Carné de alberguista**

TIVE. Oficina de Turis-mo Juvenil, Dirección General de la Juventud, Fernando el Católico, 88, 28015 Madrid, ☎ 91 543 74 12 Abierta de lunes a vier-nes de 9 h a 14 h. En la misma oficina propor-cionan información de tarifas de trenes para menores de 26 años, y de los carnés de estu-diante y profesor. Véa-se en Alojamientos la información referente a albergues juveniles [▶109].

Este servicio lo prestan conjuntamente los dos clubs automovilísticos austriacos, con furgonetas de color amarillo el ÖAMTC, y blanco y naranja el ARBÖ.

En caso de accidente o avería se pueden utilizar los postes telefónicos instalados a lo largo de las autopistas y en algunas carreteras nacionales, o llamando a los siguientes números de teléfono: Policía (Polizei) 133; Ayuda en carretera (Pannenhilfe) 120 el ÖAMTC y 123 el ARBÖ, válidos para todo el territorio de Austria. Es obligatorio hacer una denuncia en la policía en caso de accidente con heridos; también puede ser requerida la intervención de las autoridades en caso de haber dificultad de identificación de las personas implicadas.
📞 www.oeamtc.at

a Viena; la Autopista A 3, por Passau, lleva a la Baja Austria (Linz, Salzburg) y que luego conecta con la A 1 a Viena.

Los paisajes más bonitos son los puertos del Tirol: De Füssen a Telfs, la carretera de montaña desde Garmisch/Mittenwald a Zirl y la carretera a Jenbach que pasa por el lago Achensee.

Desde Italia. La autopista y la carretera del paso del Brenner (A 22, de peaje) y los pasos Rechenpass/Resia y Arnbach/Sillian, que entran en Tirol; Plöckenpass/Monte Croce Carnico y Thörl-Maglern van a Carintia.

Además de los peajes hay que añadir al presupuesto del viaje la pegatina que se necesita para circular por las autopistas austriacas y que hay que colocar en un lugar visible del parabrisas. Se puede comprar en todos los puestos fronterizos.

▍ Trámites de entrada

Austria es miembro de la Unión Europea y está dentro del espacio de Schengen desde 1998. No hay controles en las fronteras con Italia, Alemania, Chequia, Eslovaquia y Eslovenia, pero si en la de Suiza. Es obligatorio llevar siempre consigo el carnet de identidad o pasaporte para poder identificarse.

▍ Moneda

Desde el 1 de enero de 2002, Austria está incluida en la Zona Euro y han desaparecido los Schilling Austriacos.

▍ Hora oficial

Viena se rige por el mismo horario que España.

▍ Aduanas

De otros países de la UE para uso personal:
800 cigarrillos, 200 puros
1 kilogramo de tabaco
10 litros de licores (+22%)
20 litros de aperitivos
90 litros de vino, de los que 50 pueden ser espumosos
110 litros de cerveza
De fuera de la UE para uso personal:
200 cigarrillos o 50 puros o 20 gramos de tabaco
1 litro de licor (+22%)
2 litros de licores intermedios
2 litros de vino. 50 gramos de perfume
Hay que ser mayor de 17 años para llevar tabaco o alcohol.
NO: drogas, armas de fuego, munición, material pornográfico y animales sin registrar.

❙ Fiestas nacionales

1 Ene	Año Nuevo (Neujahr)
6 Ene	Reyes (Heilige Drei Könige)
Mar/Abr	Viernes Santo (Karfreitag)
Mar/Abr	Lunes de Pascua (Ostermontag)
1 May	Día del Trabajo (Tag der Arbeit)
Jun	Ascensión (Christi Himmelfahrt)
(variable)	Lunes de Pentecostés (Pfingstmontag)
	Corpus Christi (Fronleichnam)
15 Ago	Asunción (Mariä Himmelfahrt)
26 Oct	Fiesta Nacional (Nationalfeiertag)
1 Nov	Todos los Santos (Allerheiligen)
1 Dic	Día de la Independencia
8 Dic	Inmaculada Concepción
	(Mariä Empfängnis)
25 Dic	Navidad (Erster Weihnachtsfeiertag)
26 Dic	Segundo día de Navidad
	(Zweiter Weihnachtsfeiertag)

❙ Horario comercial

El horario comercial normalmente es de lunes a viernes de las 9 h a las 18 h o 18.30 h y los sábados hasta las 17 h. Muchas tiendas abren los jueves hasta las 20 h. Fuera del centro, las tiendas no suelen abrir antes de las 10 h de la mañana y las hay que cierran a mediodía. Los centros comerciales están abiertos hasta las 22 o 23 h.

❙ Transporte público

Viena tiene un buen sistema de transporte público (autobuses, tranvías, metro y trenes) que funciona entre las 5.30 h y la medianoche. Además hay 22 líneas de autobuses nocturnos que salen cada 30 minutos entre las 24 h y las 5 h.

Los **billetes** se venden en los estancos *(Tabak-Trafik)*, en las máquinas automáticas de las estaciones de metro, en los quioscos de prensa y en la recepción de muchos hoteles. Se pican en las máquinas interiores de los tranvías, antes de acceder al metro o entregándolos al conductor del autobús. Hay varios tipos de billetes:

Billete sencillo, *Fahrschein* válido durante una hora de trayecto en la misma dirección (no sirve para ida y vuelta pero sí para combinar diversos medios de transporte.

Billete de 24 horas, *24 Stunden-Wien-Karte* o *Tageskarte*: permite viajar en cualquier medio de transporte durante ese tiempo.

Billete de 48 horas, *48 Stunden-Wien-Karte*.

Billete de 72 horas, *72 Stunden-Wien-Karte*.

Billete de 8 días, *8 Tage-Klimakarte*: válido para 8

❙ Entradas *online*

Para asistir a espectáculos en Viena se recomienda reservar con antelación las entradas vía internet. Las webs más habituales son:
Österreich Ticket
www.oeticket.com
Wien-Ticket
www.wien-ticket.at
Jirsa
www.viennaticket.at

Taxis

El taxímetro oficial indica el precio por trayecto. Subida de bandera:
- de día: 2,50 €;
- de noche (23-06 h), domingos y festivos: 2,60 €;
- supl. radiotaxi: 2 €;
- suplemento para viajes del y al aeropuerto, situado fuera del límite de la ciudad: 10 €. Pregunte por las tarifas especiales del aeropuerto. Es costumbre dejar una propina del 10 por 100.

Radiotaxi
- ☎ 31 300
- ☎ 40 100
- ☎ 60 160
- ☎ 81 400

días no necesariamente consecutivos (como 8 abonos de 24 horas). También sirve para varias personas que viajan juntas, validando cada persona una de las ocho bandas del billete. **Billete shopping en Viena**, *Wiener Einkaufskarte*: para ir de compras por toda Viena. Válido desde las 8 h hasta las 20 h del mismo día, excepto domingos y festivos, en todos los transportes públicos.

Billete senior, *Zwei-Fahrten-Fahrschein Senioren*: válido para mayores de 60 años (señoras) o de 65 (señores). Un billete con dos viajes en cualquier transporte público.

Los niños de hasta 6 años viajan gratis. Hasta los 15 años, gratis los domingos y festivos, y el resto de la semana a mitad de precio ("Billete de mitad precio" *Halbpreisfahrschein*). Las bicicletas y perros pagan mitad de precio. Para conseguir precio de estudiante en los transportes públicos hay que estudiar en Austria.

Vienna-Card. La tarjeta *Vienna Card* se puede adquirir en Oficinas de turismo, hoteles, tiendas de Tabak-Trafik y máquinas expendedoras de las estaciones de metro y da derecho a utilizar durante 48 o 72 horas el metro, tranvía o autobús. Se vende con un folleto informativo de los descuentos que se ofrecen en museos, tiendas, restaurantes, etc. ☎ www.wien.info

Conducir

Hay obligación de llevar el **cinturón de seguridad** en todos los asientos y casco en las motos, así como la recomendación de llevar los faros encendidos durante todo el día, sobre todo en invierno y con cielos nublados.

El porcentaje de **alcohol** permitido es el 0,5 por mil. Los niños **menores de 12 años** o que no lleguen al 1,5 m de estatura no pueden ir en el asiento delantero y tienen que llevar asiento apropiado.

Telefonear mientras se conduce solo está permitido si el móvil permite tener las manos libres.

En los cascos urbanos la **velocidad máxima permitida** es 50 km/h, si no se indica lo contrario, pues son frecuentes las limitaciones a 30 km/h. En las autopistas la velocidad máxima permitida es de 130 km/h y en las carreteras nacionales, 100 km/h. Para turismos con caravana, en las autopistas la velocidad máxima permitida es de 100 km/h, en carretera 80 km/h.

Aparcar en Viena

Algunos distritos vieneses son zonas de aparcamiento limitado total o parcialmente. Del primer al noveno distrito, así como el distrito 20, son en su totalidad zonas de aparcamiento limitado, por lo que de lunes a viernes (excepto festivos) y de 9 h a 22 h hay que pagar un billete de aparcamiento si se quiere aparcar en ellos. En el distrito 12, así como del 14 al 17 estas zonas de aparcamiento limitado son de lunes a viernes (excepto festivos) de 9 h a 19 h. Alrededor del Auditorio Municipal de Viena, en el distrito 15, hay una zona de aparcamiento limitado de lunes a viernes de 9 h a 22 h y sábados, domingos y festivos es preciso pagar un billete entre las 18 h y las 22 h. Hay que respetar estas normas si no queremos ser multados.

▮ Precauciones

Viena es una ciudad sin problemas especiales de seguridad personal, pero conviene tomar unas mínimas medidas para prevenir robos.

• Guardar los objetos de valor en la caja fuerte del hotel.

• No dejar objetos de valor en los coches.

• No dejar objetos de valor en la playa o la piscina.

En caso de incidente o robo, es mejor preguntar en el hotel o agencia de viajes, ya que conocen los procedimientos correctos para tratar con la burocracia. También se puede acudir diretamente a un puesto de policía. Para hacer la reclamación al seguro hay que quedarse con una copia de la denuncia en cuestión.

Policía: ☎ 133

▮ Teléfono

Prefijos internacionales

Austria: 00 43

España: 00 34

Para llamar a una ciudad austriaca del interior de Austria hay que marcar el prefijo urbano con 0 delante (Viena: 01). Desde el extranjero, sin el cero (Viena: 00 43 1).

Teléfonos de urgencia

Ambulancia	☎ 144
Médico de urgencia	☎ 141
Emergencias	☎ 112
Policía	☎ 133
Bomberos	☎ 122
Avería en carretera	☎ 120, 123
Socorro en montaña	☎ 140
Oficina de objetos perdidos	☎ 40 00 80 91

Las **cabinas telefónicas** funcionan con monedas o tarjetas que se pueden adquirir en correos o en estancos (Tabak-Trafik) y quioscos de periódicos.

Móvil. Casi todas las compañías de móviles en España tienen acuerdos con las austriacas para proporcionar servicio de *roaming*. Tanto realizar llamadas

▮ Alquiler de coches

Avis
☎ 800 104 407
🖰 www.avis.at

Budget
☎ 125 308 56
reserva internacional
🖰 www.budget.at

Europcar
☎ 866 16 10/11/14
www.europcar.at

Hertz
☎ 795 32
🖰 www.hertz.at

Sixt
🖰 www.sixt.at

Tarjetas de crédito

Teléfonos en caso de pérdida de tarjetas de crédito:

American Express
☎ 34 91 400 4250
🖱 www.americanex-press.com

Diner's Club
☎ 34 91 211 43 00
🖱 www.dinersclub.es

Euro/Mastercard
☎ 900 822 756

Visa
☎ 34 91 050 73 30

Electricidad

La corriente eléctrica es de 220 voltios.
Los enchufes son iguales que en España.

como recibirlas cuesta dinero, y suelen ser caras. Solo los mensajes resultan paradójicamente más baratos que en España (debido a una normativa europea que fija el precio máximo de los *sms* en la Unión Europea) y recibirlos suele ser gratuito. En 2015 se eliminó el roaming dentro de la Unión Europea.

Bancos

Los bancos permanecen abiertos, normalmente, de 8 h a 12.30 h y de 13.30 h a 15 h, los días laborables; los jueves el horario se prolonga hasta las 17.30 h; los sábados, domingos y festivos permanecen abiertas las oficinas de cambio de las estaciones y los aeropuertos, que cobran una comisión mayor que la de las oficinas bancarias. Con **tarjeta de crédito** se puede retirar dinero en efectivo en los numerosos cajeros automáticos *(bankomaten)* abiertos las 24 horas. Todas las tarjetas de crédito más importantes están difundidas y son aceptadas sin problemas, incluso en la compra de billetes de tren o avión, así como para pagar peajes o aparcamientos subterráneos.

Correos

Las oficinas de correos están abiertas de lunes a viernes, de 8 h a 12 h y de 14 h a 18 h, o tienen horario continuado de 8 h a 14 h o 15 h. En las estaciones suele haber una estafeta de correos abierta hasta más tarde que las demás. Los sellos se pueden comprar en las estafetas de correos o en los estancos (Trafik): para Europa, las cartas hasta 20 gr y tarjetas postales cuestan 0,51 €. Los buzones son amarillos. Si llevan líneas rojas pintadas quiere decir que recogen además los fines de semana y festivos.

Internet

La disponibilidad de accesos a internet es semejante a la de España: muchos hoteles la ofrecen como un servicio más. También es posible hacerlo desde los cibercafés o aprovechar las zonas Wi-Fi.

Propina

En restaurantes y bares el servicio va incluido en el precio. Así pues, la propina es una gratificación adicional que se puede dosificar a gusto de cada cual. Lo normal y mínimo es redondear el Euro. A los taxistas y camareros se deja un máximo de 10-15% de la factura lo que hay que avisar antes de que den las vueltas: Por ejemplo, si hay que pagar 26,30, se dice "28". Si no se puede por falta de dominio del idioma, se puede dejar la propina, pero entonces el camarero a lo mejor no se da ni cuenta.

I Sanidad

Seguros

Los ciudadanos de la UE reciben asistencia médica gratuita en Viena presentado la **Tarjeta Sanitaria Europea**. Aún así es recomendable un seguro de viaje, necesario y casi esencial para los viajeros de otras nacionalidades ajenas a la Unión Europea.

Para turistas de la Unión Europea hay un seguro internacional de enfermedad (Formulario 111), que cubre los servicios de la seguridad social austriaca.

Vacunas: Durante los meses de abril a octubre, las garrapatas que anidan en la hierba, follaje o ramas bajas de los árboles se desprenden de su hábitat y acuden al calor humano buscando sus lugares preferidos en el cuerpo (axilas, ingles, corvas de las rodillas...). Su mordedura puede transmitir FSME (meningitis). Son lugares de riesgo las alturas menores a 1.000 m: el valle del Danubio y algunas regiones de Carintia, Estiria y Burgenland. No es absolutamente necesaria la vacuna, pero sí recomendable.

Farmacias/Apotheken

Las farmacias se turnan en servicios de guardia. En la puerta tienen un cartel con las direcciones de las farmacias más próximas de servicio.

Agua potable

El agua del grifo es potable y excelente. Se vende agua embotellada con gas o sin gas.

I Atención médica en Viena

Urgencias
☎ 141

Ambulancia
☎ 144

Euro-emergencias
☎ 112

ViennaMed-Médicos al teléfono para visitantes
☎ 43-1-513 95 95

Servicio de dentista nocturno y fines de semana
☎ 43-1-512 20 78

Farmacias con turno de noche y los domingos
☎ 1455.

❙ Idioma

La lengua hablada en Austria es el alemán, a excepción de algunas minorías de las zonas fronterizas. El inglés está muy difundido, especialmente entre los empleados del sector turístico, que, en menor medida, hablan también francés e italiano. Característico del alemán, e inmediatamente advertido por los turistas, es el uso de la diéresis (Umlaut) sobre las vocales, las cuales, además de cambiar de sonido, cambian también su posición alfabética (la letra con diéresis se coloca inmediatamente detrás de la que no la lleva, así: a, ä, b, c, etc.); otra particularidad del alemán es el signo ß (Scharfes S; silbante fuerte), cuya utilización más inmediata para el viajero es la palabra Straße (calle), que se pronuncia como una ese doble (Strasse) y a veces también para simplificar se escribe así en algunas publicaciones, entre las que se encuentra esta guía. Por idénticos motivos de sencillez y comprensión, en el texto de esta guía se ha atribuido normalmente el género de las palabras españolas a los vocablos alemanes; se ha escrito, por ejemplo, la Hauptplatz (plaza principal), aunque el género de la palabra alemana Platz es masculino.

Español	Alemán	Español	Alemán
Aduana			
Aduana	Reisepass	Permiso de circulación	Zulassungsschein
Pasaporte	Gepäck	Permiso	
Equipaje	Versicherung	de conducir	Führerschein
Seguro	Zoll	Nada que declarar	Nichts zu verzollen
Fórmulas de cortesía			
Buenas tardes/	Guten Aben	Gracias,	Danke (schön)
noches		muchas gracias	Vielen Dank
Buenos días	Guten Morgen	La cuenta por favor	Zahlen, bitgte
(por la mañana)		Hola	Hallo
Buenas noches	Guten Nacht	Adiós	Sevus
Buenos días	Guten Tag	Por favor	Bitte (schön)
(durante el día)		Perdón	Entschuldigung
Hasta la vista	Auf Wiedersehen	Lo siento	Das tut mir leid
Automóviles			
Autopista	Autobahn	Calle	Strasse
Carretera nacional	Bundesstrasse	Calle, callejón	Gasse
Carretera de peaje	Mautstrasse	Plaza	Platz
En locales públicos			
Abierto	Auf/offen/geöffnet	Quiosco	Imbiss, Bude
Salida	Ausgang	Restaurante modesto	Beisel
Estación	Bahnhof	Restaurante	Gaststätte
Señoras	Damen	Bar	Kneipe
Caballeros	Herren	Almuerzo	Mittagsessen
Entrada	Eingang	Terraza	Schanigarten
Cerrado	Zu/gescghlossen	Carta	Speisekarte
Propina	Trinkgeld	Agua	Wasser
Documentos			
Fecha de nacimiento	Geburtsdatum	Apellido	Name
Sexo	Geschlecht	DNI	Reisepass

Alojamiento

Información sobre la disponibilidad de habitaciones	Zimmernachweis	Habitación individual	Einzelzimmer
		Habitación con dos camas	Zweibettzimmer
Habitación de matrimonio	Doppelzimmer	Desayuno	Frühstück
		Comida	Mittagessen
Baño, ducha	Bad, Dusche	Cena	Abendessen

Medios de transporte

Ferrocarril	Eisenbahn	Billete	Fahrkarte
Estación	Bahnhof	Reserva	Reservierung
Aeropuerto	Flughafen	Autobús postal	Postauto
Horario	Fahrplan, Kursbuch	Teleférico	Seilbahn
Andén	Bahnsteig	Funicular	Standseilbahn
Vía	Gleis	Tren de cremallera	Zahnradbahn
Barco	Schiff	Telesilla	Sesselbahn, Sessellift
Tranvía	Strassenbahn		
Tren	Zug	Ascensor	Aufzug

Restaurante

Pan	Brot	**Platos principales**	Hauptgerichte
Bebidas	Getränke	Carne de buey	Rindfleisch
Vino	Wein	... de ternera	Kalbfleisch
Cerveza	Bier	... de cerdo asada	Schweinsbraten
Agua mineral	Mineralwasser	... de cordero	Lammfleisch
Botella	Flasche	Conejo asado	Kaninchenbraten
Vaso	Glas	Aves de corral	Geflügel
Cubiertos	Bestecke	Asado a la brasa	Rostbraten
Cuchara	Löffel	Bistec a la parrilla	Rumpsteak
Tenedor	Gabel	Escalope	Schnitzel
Cuchillo	Messer	Hígado	Leber
Aceite y vinagre	Öl und Essig	Pollo asado	Brathuhn
Limón	Zitrone	Espetón, brocheta	Spiess
Sal y pimienta	Salz und Pfeffer	**Guarniciones**	**Beilagen**
Mostaza	Senf	Patatas	Kartoffeln
Entremeses fríos	**Kalte Vorspeisen**	Guisantes	Erbsen
Jamón, salchichón	Schinken, Salami	Judías	Bohnen
Jamón en rollos	Rollschinken	Ensalada mixta	Gemischer salat
Paté de hígado	Leberpastete	**Pescado**	**Fisch**
Ensalada de carne fría	Fleischsalat	Trucha	Forelle
		Lenguado	Zander
Entremeses calientes	**Warme Vorspeisen**	Lucio	Hecht
		Salmón	Lachs
Setas	Champignons, Pilze	**Postres**	**Postres**
Tortilla	Omelette	Fruta	Obst
Sopas	**Suppen**	Macedonia	Fruchtsalat
Sopa del día	Tagessuppe	Nata montada	Schlag
Sopa de verduras	Gemüsesuppe	Helado, hielo	Eis
Sopa con bolas de pasta frita	Gebackenesuppe	Queso	Käse
		Café	Kaffee
Sopa de guisantes	Erbsensuppe	La cuenta, por favor	Zahlen, bitte
Consomé	Kraftbrühe	Propina	Trinkgeld

Índice de lugares